KB202808

나는 복음을 전하다 오너라

COME PREACH THE GOSPEL

너는 복음을
전하다 오너라

김상화 지음

"김상화 원장의 삶 속에서 나타난
성령님의 역동적인 역사"

엎드림
출판사
UP DREAM

추천사

운봉산 기도원 김상화 원장님은 한국 근대사의 비운을 한 몸으로 경험하면서 동시에 하나님이 한국교회에 부어주신 은혜의 폭포수에 깊이 젖어 능력의 종으로 쓰임 받았던 복음의 산 증인이십니다. 일찍 부친을 여의고 10대 초반의 나이에 북한에 어머니를 두고 자유를 찾아 월남하여 여자의 몸으로 갖은 고생을 하던 중 용문산에 수도사로 부름 받아 훈련을 받고 한평생 주님만 의지하며 복음을 위해 헌신하신 분입니다.

지금부터 9년 전, 저는 제가 다니던 신학교 인근에 위치한 운봉산 기도원에서 원장님을 처음 뵙고 이후 교제하면서 원장님의 영성의 깊이와 그분을 통해 역사하신 하나님의 놀라운 손길에 큰 도전과 감명을 받았습니다. 혼자만 간직하기에는 너무나 소중한 내용들이라 더 많은 성도, 특별히 한국교회의 후세대와 함께 나누고 싶었습니다. 그래서 원장님께 그 내용을 글로 쓰면 좋겠다고 제언했었는데, 그 말을 들으시고 여든을 바라보는 나이에 직접 컴퓨터 자판을 익혀 그동안 틈틈이 정리해 마침내 한권의 책으로 완성이 되었습니다.

이 책의 이야기는 한 개인의 삶의 이야기가 아닙니다. 지난 한국

너는 복음을 전하다 오너라

교회 역사 속에 실재한 예수 그리스도의 복음 역사에 대한 증언이요, 오늘의 한국교회를 향해 던지는 예언적인 메시지입니다. 이 책을 통해 오늘을 살아가는 그리스도인들은 물론, 주님을 잘 모르는 분들도 큰 깨달음을 얻게 되리라 확신합니다.

첫째로, 이 책은 믿음으로 산다는 것이 무엇인지 삶을 통해 생생하게 증언하고 있습니다.

둘째로, 예수 그리스도의 복음이 말이나 이론이 아니라, 하나님의 능력과 권능 그 자체임을 사역을 통해 생생히 증거하고 있습니다.

셋째로, 이 책은 기도의 깊이와 능력이 어떠한지를 보여줍니다.

넷째로, 순간순간 하나님 앞에서 하나님과 동행하는 삶의 모습입니다.

다섯째로, 복음 사역자가 걸어야 할 정도(正道)가 무엇인지를 보여줍니다.

이 시대는 세상과 똑같이 교회 안에서도 강한 자, 힘 있는 자가 인정받는 시대입니다. 그래서 복음의 원색적인 능력이 사라진 시대입니다. 하지만 이 책 속에서 우리는 약한 자를 들어 강한 자를 부끄럽게 하시는 하나님의 손길을 느끼며, 그 주님 앞에 겸손히 무릎 꿇게 됩니다. 아무쪼록 이 책을 통해 한국교회 성도들과 사역자들이 복음의 능력을 새롭게 회복하시기를 간절히 기원합니다.

신학박사 김순성 (전 고려신학대학원원장)

축하의 글

　김상화 원장님의 『너는 복음을 전하다 오너라』의 출간을 진심으로 축하드립니다. 저는 천안에서 목회를 시작한 70년대부터 원장님을 알게 되었고, 기도원에 많이 다니면서 큰 은혜를 받았습니다. 목회사역을 하면서도 세상 속에서 깊이 헤매다가 기도원에 올라가 원장님을 뵙기만 해도 은혜가 되었고, 설교 말씀이 천사의 음성처럼 들린 적이 여러 번 있었습니다. 이제 원장님께서 60여 년의 사역을 돌아보시면서 그 내용들을 책으로 출간하시니 얼마나 감사한지 모르겠습니다. 이 책의 출간과 함께 원장님과 기도원 사역에 감사할 이유가 몇 가지 더 있습니다.

● 지금 2000년대를 살아가면서 세상이 얼마나 발달했습니까? 그런데 우리가 걱정하는 것은 이상하게 발전한 모습도 있다는 것입니다. 사치, 향락, 음란의 풍조들입니다. 교회 지도자들이 타락한 세상 속에 살면서 어떻게 천상의 하나님의 음성을 들을 수 있을까요?

● 김상화 원장님은 지금 이 순간에도 산속에 사시면서 기도, 말씀,

너는 복음을 전하다 오너라

예배가 생활입니다. 당신의 삶은 외롭고 고독하지만 세상에 찌들어 살면서 목회한다고 떠드는 우리 목회자들에게 한없는 교훈을 주고 계십니다.

- 특히 현시대는 교회의 대형화가 목회자들의 큰 관심입니다. 그러나 잘 들여다보면 신앙의 핵심은 하나님의 실존 앞에 서야 하는 나 자신(개인)입니다. 분위기와 물결에 휩싸여 떠다니는 신앙인들의 모습이 큰 걱정인데 원장님과 기도원 사역은 우리를 회개하게 하였습니다.

- 1970년 대부흥운동, 초대교회 회복운동 등을 외치는 이들의 문제점은 상업화, 대중화, 이익 발생을 염두에 두고 있다는 것입니다. 바람 소리, 새 소리, 물소리를 벗 삼아 하나님의 음성을 들을 수 있는 곳은 산(山)이고, 기도원입니다. 원장님의 사역에 경의를 표합니다.

- 중요한 것은 그렇게 쓸쓸하게 걸으신 길이기에 경제적으로, 개인적인 어려움이 얼마나 크셨겠습니까? 그럼에도 불구하고 사역을 계속하시고 이제 책을 출간하시게 되었으니 얼마나 귀하고 아름답습니까? 참 감사합니다.

원장님이 만나셨던 하나님, 그리고 성령 충만 하심이 이 책을 읽는 독자 여러분들에게도 동일하게 임하시길 간절히 바랍니다. 다시 한 번 축하드리고 감사드립니다. 할렐루야!

이창준 목사(천안 갈릴리교회)

축하의 시

또 하나의 사도행전을 쓰셨군요. 애굽의 모세가 紅海(홍해)를 건 넜다면 원장님은 鴨綠江(압록강)의 도도한 물결을 뒤로하고 大同江 (대동강)을 한걸음에 뛰어 건넜고 몸서리치도록 지겨운 그날 밤, 숨죽 이며 나룻배 타고 臨津江(임진강)을 건넜던 사건은 또 하나의 출애 굽이었습니다.

民族(민족)의 비애가 덧쌓이던 그날, 옹골찼던 꿈을 접고 피난보 따리에 묻혀 恨(한)이 되어 흐르는 漢江(한강)을 지나 핏물 범벅이 던 洛東江(낙동강)도 건너셨군요.

잊혀진 빈들, 미디안의 머슴 牧夫(목부)를 부르시고 세속에 찌든 샌들을 벗기시던 호렙의 그 님께서 당신을 부르사 靑楓嶺(청풍령) 언덕 士師峰(사사봉) 기슭에 무릎 꿇려 十字家(십자가)의 道(도)를 터 득케 하셨음이여, 에벤에셀의 그 님을 찬양합니다.

그리도 외로우셨지요. 북녘 하늘아래 두고 온 그리운 얼굴 어머 님, 북풍 찬바람 부는 강변에 떨구고 우신 꿈엔들 잊으랴. 피붙이

8 　　　　　　　　　　　　　　　너는 복음을 전하다 오너라

형제들!

원장님!
더욱 강건하시고 힘내세요. 저 갈렙 할아버지도 85세부터 새 역
사를 쓰기 시작했잖습니까? '이 산지를 내게 주소서' 하던 우렁찬
그 목소리가 들리지 않습니까?

영광과 은총의 구름 기둥이 운봉산 봉우리에 떠오르는 한, 전진
또 전진하시기 바랍니다.

임마누엘의 그 님께서 동행하시고 여호와 이레의 거룩한 은총이
더욱 아름답게 넘치기를 기원합니다. 알파와 오메가 되신 그 분의
은총으로 쉬지 말고 속(續) 사도행전을 써 나가시기를 기도합니다.

이실태 목사(소망교회)

서문

먼저 이 책이 나올 수 있도록 나와 함께하시고 인도해 주신 살아계신 하나님께 모든 영광을 돌린다.

나는 몇 년 전까지만 해도 책을 쓴다는 생각을 한 적이 없었다. 왜냐하면 책을 낼만한 업적도 없었고, 책을 쓸 만큼 많이 배우지도 못했기 때문이다.

그런데 몇 년 전부터 몇몇 목사님으로부터, 그동안 나를 통해 나타난 하나님의 역사를 책을 통하여 세상에 알려서, 하나님이 살아계셔서 초대교회 때와 같이 성령으로 역사하신다는 것을 증거해야 한다는 말을 들었다. 그때부터 책을 쓰는 것에 대해서 생각하며 기도하게 되었고, 기도하면 할수록 마음이 책을 써야 한다는 쪽으로 불타올라서 하나님의 뜻으로 알고 책을 쓰게 되었다.

책을 쓰려면 자료가 있어야 하는데 나에게는 기록해놓은 자료가 거의 없었다. 나의 스승님께서는 집회인도를 하고 돌아올 때 집회 다녀온 교회의 주소나 전화번호도 알아오지 못하게 하셨고, 교인들과도 일체의 개인적인 연락을 하지 못하게 하셨다. 행여나 나중에 교회에 부덕을 끼칠까봐 염려했기 때문이었다. 이러한 연유로

너는 복음을 전하다 오너라

나는 기억을 더듬어서 많은 자료를 기록했기 때문에 정확한 시간과 장소, 인명 등을 명시할 수 없는 경우가 많아 아쉬웠다.

나는 1932년 평안북도 창성군 창주면에서 태어나 해방 후에 월남하여 서울에서 살다 6.25때 대구로 피난 가 그곳에서 주님을 만나 주의 종으로 부르심을 받았고, 주님의 지시로 1955년 용문산 기도원으로 갔다. 그곳에서 고등성경학교, 신학교, 수도사 과정을 거쳐 수도사가 되어 전국을 다니면서 부흥회 사역을 하였고, 1973년 천안에서 운봉산 기도원을 개척하여 지금까지 주님을 섬기고 있다.

나는 20대 초반에 하나님께 부르심을 받아 80세가 된 지금까지 약 60년 동안 오직 성령님의 인도하심을 받고 살아왔다. 어린아이 같은 나는 내 힘과 지혜로는 아무 일도 할 수 없었기 때문에 항상 나와 함께하시는 성령님께 의지하여 인도함을 받고 도우심을 받아 사역을 감당했다. 만일 내 사역에서 성령님을 뺀다면 남는 것은 아무것도 없을 것이다. 때로는 불순종으로 매도 맞고, 실패도 하고, 좌절도 많이 경험하였다. 그러나 오히려 이러한 상황을 통하여 하나님의 선하심을 맛보게 되었고 하나님의 능력과 위대하심이 나타남을 경험하게 되었다.

내가 이 책을 쓰는 목적은 예수를 믿으면서도 아직도 육신적인 힘만 가지고 신앙생활 하여 어려움과 실패 속에 살고 있는 이들에게, 우리를 도우시는 성령님이 함께하신다는 것을 알리고 싶다. 그래서 이 책을 통하여 그분들이 성령님과 동행하는 행복하고 승리하는 신앙생활과 사역을 할 수 있도록 돕고 싶다.
끝으로 이 책이 나오기까지 수고해주신 여러분들에게 감사를 드린다.

운봉산 기도원에서
저자 **김상화** 원장

너 는 복 음 을 전 하 다 오 너 라

너는 복음을 전하다 오너라
Come Preach the Gospel

차례

제1장 ——————

주님의 부르심과 이북에서의 어린 시절

제2장 ——————

월남 후 서울 생활과 6.25

제5장

수도사로서의 사역

제6장
운봉산 기도원 사역 제1부

Chapter 1.

주님의 부르심과
이북에서의 어린 시절

―――――――――――――――――

"내 몸이 열두 토막이 나도 전하겠습니다."

01.
주님의 부르심

    1950년대 중반, 그때 나는 20대 초반으로 크리스마스 3일 전에 중매쟁이와 약혼할 사람을 만나 약혼날짜를 잡고 헤어져 집으로 돌아오고 있었다. 대구 연매시장 입구를 막 지나는데 갑자기 환상이 열리면서 "이러니라"고 성령께서 말씀하셨다. 성령께서는 그동안 내가 몰랐던 약혼할 남자에 대한 숨은 사연들을 보여주셨다. 나의 약혼자에게는 이 남자를 좋아하는 아가씨가 있었고, 약혼날짜를 잡던 이 날도 그 아가씨가 왔다가 간 것이었다. 그리고 주님께서 나에게 말씀하셨다. "너는 복음을 전하다 오너라." 나는 '주님이 나에게 결혼하지 말고 복음을 전하라고 하시는구나.'라고 생각했다.

    한 번은 신학교에 가기 전 대구에 있을 때였다. 교회 철야기도 시간에 주님께서 끌리는 흰옷을 입고 나타나셔서 나에게 "복음을 전하라"고 하셨다. 나는 세상에는 말 잘하는 남자들이 많고 많은데, 잘생기고 말 잘하는 남자를 불러 시키시라고 하면서 복음을 전하지 않겠다고 거절했다. 그러면서 나는 여자라 할 수 없다고 울면서

너는 복음을 전하다 오너라

마룻바닥을 막 뒹굴었다. 내가 하도 우니까 곁에서 나를 보고 계시던 주님도 우셨다. 그리고는 "복음을 전하지 않으면 침상에 던진다."고 말씀하셨다. 나는 어쩔 수 없이 주님의 말씀에 순종하기로 하고, 주님께 "내 몸이 열두 토막이 나도 전하겠습니다."라고 고백했다.

　이렇게 주님께서 나를 주의 종으로 부르셨다. 그 당시에는 여자가 주의 종이 된다는 것은 거의 생각할 수 없는 일이었다. 나는 일제강점기에 초등학교 밖에 나오지 못했고, 키도 작았고, 성격도 내성적이었기에 남 앞에 나선다는 것을 나로서는 생각할 수 없었다. 그래서 이 길을 가지 않으려고 피했으나 주님은 기어이 나를 사역의 길로 가게 하셨고 지금까지 60년 가까이 나와 함께하셔서 이 길을 걷게 하셨다.

02.
가족관계

       나는 1932년 여름 평안북도 창성군 창주면 창평동에서 7남매 중 4번째로 태어났다. 아버지는 첫 부인이신 큰어머니에게서 남매를 낳았고, 큰어머니가 사망하자 당시 19세 처녀였던 우리 어머니와 결혼하여 3남 2녀를 낳으셨다. 나는 둘째로 태어났으며, 막내 여동생은 일곱 살 때 병으로 죽었다. 아버지는 내가 9살 때 돌아가셨는데, 그 후로는 결혼한 큰오빠의 식구와 우리 식구는 창성동에서 압록강 수력발전소 땜 공사로 인해 평안북도 구성군 방현면 하단동으로 이사를 했었고, 큰오빠 식구는 조금 떨어진 동네에서 살았다. 나는 어머니와 작은 오빠, 두 남동생과 함께 다복하게 살았다.

03.
나의 신앙 뿌리

우리 가정은 할머니(허익선)가 복음을 받아드려 신앙 생활이 시작되었다. 할아버지는 한학자로 훈장이셨고, 본은 경주 김씨 양반에다 갑부였으며, 삼대가 한 집에 살았다. 당시 우리 가족이 복음을 받아들인다는 것은 상상할 수 없었으나, 할머니가 최초에 복음을 받아들여 믿기 시작하셨고 신앙심이 특심하셨다. 할머니는 권사 직분자셨지만 명예로는 전도사였다. 오빠에게 전해 들은 이야기로는 우리 밭에 교회를 건축하셨고, 그러고도 교회를 다섯 곳에 세우셨다고 한다.

할머니 방에는 항상 흰 천에 환한 빛으로 강림하시는 예수님의 모습과 활활 불타는 지옥의 장면을 그려서 한 벽 전체에 붙여 놓았으며, 그 그림을 할머니는 전도용으로 사용하셨다. 할머니는 내가 방에 들어가면 항상 "노랑머리 상화야, 예수 안 믿으면 저 활활 불타는 지옥에 가고, 예수 믿으면 저 좋은 천당에 간다."라고 말씀하셨다. 어떤 때는 그 말이 싫었지만, 할머니가 뿌린 복음의 씨는 교회에 가지 않으려고 살살 피해 다니던 내 마음에도 떨어졌다. 내가 남한으로 와서 주의 종이 된 것도 우연이 아니라 하나님의 섭리라는 생각이 들고 할머니의 전도와 기도를 통해서 이루어졌다고 생각한다.

04.
일본 식민지 시대와 소학교 생활

　　　　　일본의 본격적인 식민지 강압 정책이 소학교 3학년 때부터 시작되었다. 항상 배우던 조선말을 폐지하고 일본 말을 가르치고, 일본 이름으로 개명하도록 강요했으며, 학교에서도 신사참배를 하게 하여, 하지 않으면 벌을 주었다.

　나무로 만든 길쭉한 박수 하나씩을 나누어 주고, 그것을 집에 걸어놓고 아침마다 물을 떠놓고 절하라고 하였다. 나는 속으로 '예수 믿는 가정에서 우상숭배를 할 수 없다.'고 생각하며 집에서 신사참배를 하지 않았다. 일본사람들이 알면 매질당하고 잘못하면 죽을 수도 있겠지만, 나는 믿는 가정에서 우상숭배 하는 것을 용납할 수 없었다.

　그리고 학교교정에서 신사참배 할 때도 나는 얼버무리고 신사참배를 하지 않았다. 일본사람들은 어린 학생들에게도 소나무껍질을 벗겨오고, 말 먹일 풀을 베어 오라고 했기 때문에, 학교에서 수업이 끝나고 집에 돌아오면 책보자기를 풀어놓고 낫을 들고 풀을 베야 했다. 그때 풀 베다 다친 흉터가 지금도 손에 남아있다. 게다가 집

　　　　　　　　　　　너는 복음을 전하다 오너라

에서 사용하는 놋그릇을 가져오게 하고, 남학생들은 학도병으로, 여자들은 보국대로 보내었다.

한 번은 우리 반 4학년 선생이 나를 부르기에 갔더니, 자기가 얼마 안 있으면 일본에 가는데, 양딸이 되어 같이 가자는 것이었다. 나는 단호히 "아니요, 안가요" 하고 거절했다.

큰 오라비가 경성에서 일본 옷, 예쁜 옷을 사다 구성군 방현면에서 팔았다. 하루는 어머니가 오라버님 집에서 예쁜 원피스를 가지고 오셔서 입으라 하셨다. 나는 "어머니 조선 사람이 일본 옷을 왜 입어요. 안 입어요. 나는 조선 치마저고리 입을 거에요." 하면서 거절했다. 그때 어머니는 "야, 조선 치마저고리는 빨래하기가 힘들어서 그런다."고 하셨다. "그래도 나는 안 입어요" 하며 고집을 부렸고 어머니는 내 고집을 꺾지 못하셨다. 어머니는 딸을 예쁘게 입히고 싶은 마음은 간절했지만, 일본사람 옷이기에 입지 않겠다는 딸의 고집을 꺾지 못하셨고, 나는 일본 옷이 예뻤지만 입지 않았다. 주께서 나에게 민족 사상을 가지도록 인도하셨다.

05.
해방과 공산주의

　　　　일본사람들은 점점 더 간악해져서 조선 사람들의
민족 사상을 짓밟고, 애국자란 애국자는 다 잡아가고 죽였다. 그러
던 중 일본이 물러가고 독립이 된다는 소문이 파다하였고, 드디어
1945년 8월 15일 해방이 되었다. 모든 사람은 길거리로 뛰쳐나
가 기뻐 뛰면서 "조선독립 만세"를 소리 높이 외쳤다.

　나는 해방되자 일본말부터 버리기로 작정하고 일본말을 사용하
지 않았다. 어른들이나 학생들이나 "너는 어찌 일본말을 일본사람
같이 잘하느냐?" 했을 정도로 일본말을 잘했었지만, 초개같이 다
버렸다.

　해방되고 나서 조선말은 항상 하던 말이니 할 수 있는데, 조선
글은 초등학교 2학년 때까지만 배우고 사용하지 않아서 잘 쓸 수가
없었다. 한글 쓰는 법을 배워야 하는데, 배울 길이 없어 찬송가에
있는 사도신경과 주기도문을 통해 배웠다.

　해방되고 우리 민족은 우리 세상이 되었다고, 자유의 민족이 되
었다고 좋아했다. 그러나 이런 기쁜 날도 잠시, 얼마 지나지 않아,

　　　　　　　　　　　　　　　너 는 복음을 전하다 오너라

북쪽은 공산주의로 남쪽은 민주주의로 분단되었다. 북쪽은 공산주의 선전으로 난리였다. 여성들은 합창단에 들어가 날마다 모여서 노래 연습하고, 남자들은 길거리에서 공산주의 선전을 했다.

우리 가정도 한 가족이지만 사상이 나뉘었다. 큰오빠와 나는 민주주의로, 작은 오빠는 공산주의로 나뉘었다.

작은 오빠는 우편국 직원이었고, 나도 한때 우체국에서 교환수 일도 했었다. 작은 오빠는 집에 돌아오면 나무에 매달아 놓은 모래주머니를 아침, 저녁으로 쳐댔다. "무엇 때문에 하느냐?"고 물으면, 힘이 있어야 살 수 있기에 힘을 기르는 것이라고 했다. 큰오빠는 법 없이도 살 수 있는 성품으로 자상하고 좋으신 분이었다. 반면 작은 오빠는 성품이 강하고 담대하고 생김새도 남자같이 이글이글하게 사내대장부답게 생겼다. 그는 공산주의가 들어오자, 우편국 사무실 직원 자리를 박차고 일어나 팔에 완장을 차고 공산주의 선전자가 되었다.

공산주의 치하가 되자 노동자, 농민들은 머리에 띠를 두르고, 곡괭이, 괭이, 삽을 어깨에 메고 날마다 김구, 이승만을 타도하자고 외쳤다. 나는 어린 나이라도 왜 일은 안 하고 날마다 남한의 이승만 대통령과 김구를 타도하자고 하는지 이해할 수가 없었고, 그것을 보면서 공산주의에 대한 두려움과 좋지 않은 생각이 마음속에 생겨났다.

06.
신앙과 자유가 있는 남한으로

어른들이 하는 말을 들으니 공산주의는 나쁘고 남한 민주주의는 좋다고 하셨다. 그리고 미국 사람은 예수 믿는 좋은 사람들이고, 소련사람들은 예수도 안 믿고 나쁘다고 하셨다. 남한은 살기 좋고 이북은 안 좋다고들 하시며 자유의 세계에서 살아야 한다며 걱정을 하였다.

'나는 자유가 있는 곳에 가 살리라.' 어른들의 하는 말에 의하면 뜻이 있는 곳에 길이 있다고 했다. 나는 소망을 품으면 그 소망이 현실화될 것이라 믿었다. 나는 공산 치하보다 자유의 나라에서 살고 싶었다.

우리 집은 지주(부자)였기 때문에 일차 숙청대상으로 집과 논 등 재산은 다 빼앗기고 작은 오라버니와 어머니는 삭주 어느 개간지로 보내졌다. 내가 어머니와 같이 가지 못한 것은, 14살부터는 배급대상이 아니어서 데리고 갈 수가 없었기 때문이었다. 공산주의가 나와 어머니를 갈라지게 했다. 내 사랑하는 어머니는 나에게 "지금 너를 데리고 가면 고생시킬 것이니 추수 때까지 큰 오라버

너는 복음을 전하다 오너라

니 집에서 공부 잘하고 있으라.”고 말씀하셨다. 이 이별이 오히려 나에게는 남한에 오게 된 기회를 만들어 주었다.

하루는 소련사람이 왔다고 하면서, 동민들이 산으로 도망을 쳤다. 우리도 산으로 도망했다. 그 이유는 소련사람은 여자들을 보는 대로 겁탈하고, 소, 돼지, 닭, 곡물 할 것 없이 모조리 쓸어 간다는 것이었다. 지금도 산으로 도망갔던 기억이 생생하다. ‘과연 듣던 대로 공산주의는 나쁘구나, 이 시점에서 도망가야 살 수 있겠다.’고 생각하던 차에, 서울로 장사 가셨던 큰 오라버니가 오셨다. 경성(서울)으로 식구들을 데려가려고 온 것이다. 나도 따라가야지 이번 기회를 놓치면 안 된다는 생각에 큰 오라버님과 같이 가기 위해서 만반의 준비를 했다.

나의 큰 오라버니는 아버지의 전처인 큰어머니에게서 나셨기 때문에, 개간지로 가신 어머니나 작은 오라버니에게 허락을 받아야 했다. 올케언니에게 동무에게 꾼 돈을 갚아야 하니 돈이 필요하다고 거짓말을 해서 돈을 받았다. 그리고 그 돈으로 어머니에게 전보를 쳤고, 그 전보를 받은 다음 날 작은 오라버니가 오셔서 내가 경성으로 큰 오라버니를 따라가도록 허락해 주셨다. 그리고 작은 오라버니는 쓸쓸한 모습으로 돌아가셨고, 나는 큰 오라버니를 따라 사랑하는 어머님과 형제들을 다 두고 월남하게 되었다.

월남하는 과정에서도 순탄치 않았다. 그때는 38선을 철통같이 지키는 때라 월남하기가 힘들었다. 우리는 일차적으로 38선에 가까운 해주에 셋방을 얻었다. 한 달이 걸릴지 두 달이 걸릴지 날짜를 기약할 수 없었다.

그런데 오라버니가 15일 안으로 가도록 해주겠다는 사람을 만났고, 약속도 하고 돌아왔다. 이때부터 기다리는데 하루가 얼마나 긴지 초조와 불안 그리고 누가 밀고라도 하면 어찌하나, 남한으로 가지도 못하고 죽는 것이 아닌가? 어린 마음이지만 그 심정은 당해보지 아니한 자는 모른다.

북한 땅을 빨리 벗어나려고 초조하게 기다리던 중, 하루는 오라버니가 소식을 가지고 돌아왔다. 오늘 밤에 배를 어디에서 탄다고 하셨다. 배 타러 나가는 시간을 기다리고 있는데 오라버니가 오시더니 떠나자고 하셨다. 각자 자기가 가지고 가야 하는 것들을 이고 지고 배 있는 곳까지 갔다. 가는 동안에는 기침도, 말도 하면 안 되었다. 우리는 숨소리를 죽여 가며 살살 걸어서 나룻배를 탔다. 우리 일행이 배에 오르자 사공은 재빨리 노를 저었다. 한참 가더니 여기가 남한 땅이라고 하면서 우리에게 배에서 내리라고 하였다. 와! 드디어 왔구나! 조리던 마음을 확 펴며 배에서 내렸다.

우리를 건네준 사람을 잘 가라고 돌려보내고, 우리는 걸어 월남한 자들이 모여 있는 곳, 개성 못미처 장단이라는 곳에 도착했다. 피난민들이 많이 머물러 있었고 우리도 그들과 합세했다.

2일간 머물다가 우리는 경성(서울) 오라버니가 사둔 공덕동 집에 도착했다. 남한에 오는 소원이 이루어진 것이다. 지금 생각하니 하나님의 은혜가 너무나 감사하다. 지옥 같은 공산주의에서 나를 구원해 주신 것이다. 만일 그때 월남하지 못했다면 나는 예수님을

너는 복음을 전하다 오너라

알지도, 믿지도 못하고 영원히 멸망당하고 말았을 것이다. 이것을
생각하면 하나님의 은혜가 참으로 고맙고, 감사하다. 하나님께서
애굽에서 이스라엘을 이끌어내시듯 주님은 나를 이북 공산 치하에
서 이끌어내어 주신 것이다.

Chapter 2.

월남 후 서울 생활과 6.25

"휴, 살았다!"

01.
경제적 어려움

큰오빠는 사업가는 아니지만, 아버님의 유산으로 분단 전부터 중국과 경성을 오가며 장사를 해서 돈을 잘 벌었다. 하지만 월남 후로는 하는 일이 잘 안 되어 일곱 식구의 생계가 어려웠다. 올케언니는 몸이 약한 편이라 일곱 식구 뒷바라지하기도 힘들어 시장으로 일하러 나갈 수 없었다. 나와 동갑내기 큰조카는 덕성여고를 다니던 때라 중퇴할 수 없었고, 다른 조카들은 어리고 학교에 다녔기 때문에 나라도 일을 하여 생활의 보탬을 주어야 할 형편이었다.

나는 어린 나이에 무엇을 할까 참으로 막막했다. 안 먹고 입지 않고 살면 얼마나 좋을까? 라는 생각이 들기도 하였다. 그러던 중 우리가 살던 공덕동 집을 팔아 셋방을 얻어 정릉으로 이사 갔다. 새로 지은 집이라 아담하고 깨끗하여 살만하였고, 우리 식구가 살기에는 그런대로 괜찮았다.

이사하고 얼마 후 하루는 주인집 아들이 병들어 죽게 되어 무당을 불러다 굿을 하고 있었는데, 그때 큰 여자 조카가 학교에서 돌

너는 복음을 전하다 오너라

아왔다. 그러자 무당이 신이 안 내려 굿을 못 하는 것이었다. 그러더니 무당이 우리 조카 때문에 신이 내리지 않는다고 하였다.

그 당시 우리 조카는 이미 예수를 믿고 있었다. 예수 믿는 사람이 들어오니 신이 내리지 않아 굿을 못 하게 된 것이다. 그래서 할 수 없이 무당은 돌아갔고 우리에게는 다음날 당장 이사 가라는 불호령이 떨어졌다. 우리는 할 수 없이 또 이삿짐을 싸서 마포 해방촌이라는 곳으로 이사 갔는데, 거기는 월남한 자들이 많이 모여 살고 있었다. 남한이 좋다고 왔는데 돈이 있어야 자유도 좋은 것이지 당장 먹을 것이 없어 막막하기만 했다.

하루는 우리 올케언니가 "고모" 하고 나를 부르더니 생선장사를 해보라고 했다. 생선도매상에서 생선을 떼다 시장에서 팔라는 것이었다. 나는 올케언니가 하라는 대로 작은 대야 하나를 가지고 생선도매상으로 갔다. 그때는 아침이라 생선장사 하는 아주머니들이 생선을 떼러 도매상으로 와 있었다. 어떻게 해야 할지 모르고 머뭇거리고 있는데 생선장사 아주머니들이 나에게 무엇 하러 왔냐고 물었다. 나는 생선장사 하려고 생선 떼러 왔다고 했더니, 나를 보고 어린 것이 무슨 생선장사를 하려 하느냐? 하며 집으로 가라고 때렸다. 나는 돈 벌러 갔다가 매만 맞고 옷고름만 뜯기고 초췌하게 돌아왔다.

그래도 나는 낙심하거나 슬퍼하지도 않고 다른 일을 해야지 하고 있었는데, 누가 나에게 역전에 나가 널판으로 짠 박스를 들고 다니며 빵을 팔라고 하였다. 나는 빵집에서 빵을 떼어다 서울역전으로 갔다. 그때는 빵장사 하는 사람들이 많았다. 순경들이 역전에서 장사하지 못하게 하였지만 먹고 살기 위해서는 장사를 해야만 했다. 순경들에게 들키면 매질 당하고 빵을 다 빼앗겼기 때문에 순경들이 나타나면 사람들은 달음질쳐 도망갔다가 순경이 돌아가면 또 모여들어 빵을 팔았다.

하루는 내가 도망치다 경찰에게 붙잡혔다. 나는 원래 손은 빨랐지만 발은 느려 달음질을 잘하지 못했다. 손으로 하는 것은 누구에게 지지 않아 둘째가라면 서러울 정도였으나 발은 느렸다. 경찰은 나를 붙잡아 파출소로 들어가서 왜 역전에서 장사하느냐고 하면서 차고 있던 곤봉으로 내 팔꿈치를 두 차례 세게 때렸다. 나는 자지러지게 아파 주저앉았다.

지금도 그때를 생각하면 눈물이 난다. 그 후 비 오는 날이면 팔꿈치가 아프고 쓰렸다. 그래도 장사하러 나갔는데 또 경찰에게 잡혔다. 이제 빵장사는 더는 할 수가 없었다.

조카와 나는 남대문 시장 가게 앞에다 조그마한 좌판을 차려놓고 화장품 장사를 시작했다. 하루는 중년 남자가 오더니 화장품을 사겠다고 몇 개를 가지고 따라오라 했다. 손님이 요구하는 대로 화장품을 가지고 따라갔다. 서울역 바로 길 건너편이다. 손님이 잠깐 기다리라고 하면서 어느 집 대문으로 들어가더니 한참을 기다려도 나오지 않아 이상한 생각이 들어 손님이 들어간 집을 쳐다보았더니 한문으로 '여관'이라고 쓴 간판이 붙어있는 것이 아닌가? 여기 있다가는 큰일 나겠다 싶어 빨리 그곳에서 피했다. 한참 있으니 그

너는 복음을 전하다 오너라

손님이 내 주위에서 맴돌았다. 내가 날카로운 눈초리로 쏘아보았더니 내 눈초리가 무서웠던지, 양심의 가책이 되었던지 가버렸다.

지금도 그때를 회상하면서 그때 한문을 몰랐다면 어찌 되었을까?라는 생각을 해본다. 그때도 주님께서 나를 지켜주셨다고 생각하면서 글을 배우게 해주신 큰오빠에게도 감사했다. 우리 아버지는 여자가 공부해 무엇하냐며 학교에 보내지 아니하려 했으나, 큰 오빠가 학교에 입학시켜 공부하게 하였다.

02.
신앙이 싹 틈

       나는 모태 신앙이었지만 어릴 때 부모님의 강요로 가끔 교회 다녔을 뿐이었다. 그래도 항상 우리 가족은 예수 믿는 집이라고 생각했다. 예수 믿으면 신사참배도 하면 안 된다고 생각했다. 예수 믿는 사람은 우상 앞에 절하면 안 된다고 교회 학교에서 선생님들에게 배웠기 때문이었다.

  하루는 예수 믿는 어머니가 손버릇 나쁜 셋째 아들 때문에 무당한테 가서 물어보니까 밥을 잘 차려서 치성을 드리고 아들의 옷을 가져다 밤중에 태우라고 했다면서 시행하려는 것이다. 나는 어머니에게 말씀드리기를 "예수 믿는 어머니가 왜 무당이 하라는 대로 합니까? 믿는 사람은 하면 안됩니다."라고 극구 말렸다. 그랬더니 어머니는 "나도 그런 줄 아는데…" 하시며 멋쩍어하시며 그 일을 하지 않으셨다.

  나는 월남하여 서울에 와서는 교회에 나가지 않았다. 먹고 살기에 바빠서 실제적인 신앙생활은 하지 못하고 있었고, 또 어린 나이에 세상 멋에 빠져있었기 때문이었다. 최신 유행을 좋아하여 세상

너는 복음을 전하다 오너라

을 동경하며 세속적인 삶을 살았다.

어느 날 친구, 조카와 함께 명동 시내를 거닐다가 한 극장 앞에서 '왕중왕'이라는 영화가 상영 중임을 보았다. 영화 제목이 한문으로 王中王 이라고 써 있었다. 역사 영화라 정말 재미있겠다고 생각하며 극장으로 들어가 영화를 봤다.

스크린에 나오는 것은 내가 생각한 역사적인 왕이 아니라 예수에 대한 영화였다. 나는 예수에 관한 영화라고는 생각지도 않았다가 예수 영화가 나오니 기분이 나빠져서 나가자고 했더니 친구와 조카는 돈이 아까우니 보고 가자는 것이다. 하는 수 없이 앉아 영화를 보았는데 눈에 들어오는 화면을 외면할 수 없어 억지로 하나하나 보는데 호기심이 생기기 시작했다.

각종 병을 고치고 의사도 아닌데 세상 의사가 고칠 수 없는 장애인들을 고치다니 참 신기하네, 또 십자가에 못 박혀 운명하실 때 천지가 캄캄해지고 죽은 자가 무덤에서 살아나고, 믿지 아니하는 자들 위에 산과 돌이 무너져 산더미에 깔려 죽게 되니 살려달라고 아우성을 치는 모습이 신기하기만 했다. 그런데 믿는 자들은 재림하시는 예수님을 공중에서 맞이하는 것이었다. 나는 그 마지막 장면을 보면서, 마음에 예수 믿어 멸망을 면해야겠다고 결심하였고 그때부터 날마다 교회 갈 날만 기다렸다.

마침 수요일이 왔고 조카와 친구들과 함께 교회로 향했다. 조카가 하는 말이 "고모, 좋은 영화가 들어왔는데 오늘은 구경하고 주일부터 교회에 가자."고 하였다. 그러나 나는 교회에 가고 싶었지, 어떤 좋은 영화라도 구경하고 싶지 않았다.

친구와 조카는 극장으로 가고 나는 처음이라 교회에 혼자 갈 용기도 없어 집으로 돌아왔다. 올케언니가 왜 교회 안 가고 돌아오느냐고 물었다. 조카는 극장으로 갔다고 했더니, 나중에 올케 언니는 딸을 꾸짖었다. 그날부터 주일을 기다렸고, 교회에 간다는 상상만 해도 기분이 좋았고, 드디어 주일이 왔다. 나는 머리를 감고 깨끗한 옷을 입고 교회를 향해 갔다. 발걸음이 가볍고 기분이 얼마나 좋은지 새 천지가 된 것 같았다. 교회에 가서 의자에 앉았는데 내 마음이 세상이 아닌 천국에 온 것 같았다. 목사님의 설교를 듣는데, 어찌나 기쁜지 그때 기분은 경험해보지 아니한 자는 모를 것이다. 그때부터 나는 예수만 아시던 할머니보다 더 예수님께 미쳤다.

나에게는 예수님은 너무 좋았다. 날마다 부흥회 하는 교회에 다니면서 살다시피 했다. 강사님의 간증하는 말을 들으면 시간이 가는지 배가 고픈지도 몰랐다. 강사님은 기도 많이 하고 영적 체험을 많이 한 분이라 어찌나 은혜가 되든지, 그분의 간증을 지금도 잊지 못하고 있다.

강사님이 산상기도를 할 때 사자가 나타났다고 하며, 그래도 계속 눈을 안 뜨고 기도를 하면 사자가 물러가고, 어떤 때는 큰 구렁이가 자기 몸을 칭칭 감았지만, 눈을 안 뜨고 계속 기도하면 구렁이가 슬며시 물러갔다고도 했으며, 기도할 때 시험이 오는데 이를 이겨내야 한다고 하셨다.

강사님은 설교보다 간증을 더 많이 했다. 나는 간증을 들을 때

너는 복음을 전하다 오너라

믿음이 생기고 기도하고 싶어 더욱 열심히 기도하게 되었다. 때로는 눈물이 펑펑 쏟아지기도 했다. 이때가 6.25 전쟁 3개월 전이었는데, 나는 그때 받은 은혜와 믿음으로 6.25 전쟁의 어려움과 고통을 넉넉히 이겨내었다. 주께서 미리 아시고 내게 이러한 은혜를 베풀어 주신 것이다.

03.
믿는 자는 죽어도 영생

1950년 6월 25일 전쟁이 일어났다. 우리 가족은 서울 근교로 피난 갔다가 그곳까지 공산군의 수중에 들어가자 다시 서울 집으로 돌아왔다.

6.25 때 공산주의는 예수 믿는 자를 처형한다고 말을 들었으나 나는 마음이 평안했다. 죽어도 영생, 살아도 영생, 죽으면 하늘나라 간다는 소망이 있었기에 두렵지 않았다. 예수 믿기 전에는 겁쟁이라 문풍지 소리만 나도 사시나무 떨듯이 떨 때도 있었다. 그런데 이제는 내 마음이 인민군이 믿는 자를 죽인다고 해도 전혀 두렵지 않았으며, 죽어도 주를 위하여 죽고, 살아도 주를 위하여 산다는 말씀으로 나를 단단히 무장했다.

서울 근교로 피난 가기 위해 준비를 할 때도, 다른 사람들은 먹을 양식, 덮을 것, 취사도구를 챙겼지만, 나는 가족 6명의 성경 찬송책을 챙겼다. '나는 인민군에게 들켜서 예수 믿는다고 죽이면 죽어야지'라고 생각했다. 각자가 들고 갈 것을 보자기에 주섬주섬 싸 들기도 하고 지기도 하여 피난길에 올랐다. 나는 길을 갈 때는 성경

너는 복음을 전하다 오너라

찬송 책을 머리에 이고 다녔고 잠잘 때는 베고 잤다. 지금 생각하면 그때 어찌 그렇게 담대했을까? 성경 찬송 책을 들고 다니다 발각되면 죽는 것은 분명한데 어떻게 그랬을까?라는 생각도 해보지만 바로 이것이 신앙의 힘이라고 생각된다. 신앙은 세상을 이긴다는 말씀처럼 신앙은 분명히 죽음을 초월하며 어떠한 환경도 이겨낼 수 있는 것이었다.

04.
무엇을 말할까 염려하지 말라

6.25 직후 서울 가까운 근교로 피난 갔다가 그곳도 인민군에게 점령을 당하여 할 수 없이 서울 집으로 돌아온 후, 어느 날 하루는 인민군 대장이라는 사람이 우리 동네 동장과 같이 집으로 왔다.

"김상화 씨 있습니까?"하고 불렀다.

"누구세요" 하며 밖으로 나갔더니

"민청에서 나왔습니다." 하면서 장부를 펴고서는 날 더러 도장을 찍으라 했다.

"도장을 무엇에 쓰시려고 합니까?"

"민청에 나와 일 좀 보아 주시라는 것입니다."

"나는 '가'자도 모르고 '아'자도 모르는데 민청에 나가 일할 수 있습니까?"

"예! 할 수 있습니다."

"그러면 나 같은 무식한 사람들이 민청에서 일하면 그 나라는 어찌 되겠습니까?"

너는 복음을 전하다 오너라

인민군 대장이 장부를 들이대며

"괜찮으니 도장을 찍으세요."

"도장 없습니다."

"그러면 지장을 찍으세요."

"지장도 없습니다."

"손가락이 없습니까?"

"지장을 못 찍겠습니다."라고 단호히 말하면서 나는 열려있는 방문을 확 닫으며 말했다.

"쌀 열 가마 갖다 놓으라. 그러면 당장 가겠다. 내가 가면 우리 식구는 다 굶어 죽는데 어떻게 가겠느냐?" 그러자 인민군이 동장에게 "저 동무 잘 보아 두시오." 하며 가버렸다.

"**마땅히 할 말을 성령이 곧 그 때에 너희에게 가르치시리라**"(눅 12:12) 하신 말씀과 같이 성령이 할 말을 가르쳐 주셨고 그래서 그들은 꼼짝 못하고 가 버린 것이다. 이처럼 하나님의 은혜로 인해 나는 구사일생(九死一生)으로 살아날 수 있었다.

그들이 간 뒤 그들이 다시 와서 나를 잡아가지 아니할까 하여 마루에 있는 장롱 같은 뒤주 쌀통 속에 숨었다가, 뒤주 안에서 생각하니 소 잃고 외양간 고치는 격이라는 생각이 들어 뒤주에서 나왔다. 그 후로 나는 집에 있지 않고 둘째 여자 조카가 장사하는 곳으로 나가 있었다.

어느 날 하루는 연합군의 폭격이 계속됨으로 장사를 할 수 없어, 일찍 집으로 오다 인민군들에게 잡힐 뻔했다. 그 당시는 인민군들이 처녀들을 마구 잡아가던 때였다. 이날도 낮에 조카와 함께 집으로 오고 있는데, 어떤 아가씨가 빠른 걸음으로 우리를 앞질러 가는 것이다. 나는 그 여자를 보면서 '제트기 걸음이네, 어찌 저리 빨리 걸어가지?'라고 생각하면서 가고 있는데, 우리 앞쪽에서 인민군이 그 여자를 붙잡았다.

나는 즉시 "조카야 도망가자, 잡힌다."고 하면서, 인민군이 그 여자와 말하고 있는 사이 큰길 건너편에 보이는 샛길로 재빨리 달려가 몸을 숨겼다. "휴, 살았다!" 하며 숨을 크게 내 쉬었다. 그 뒤로는 집에 있을 수도 없고 나가 다닐 수도 없고, 낮에 다니면 위험해서 밤에만 다녔다.

너는 복음을 전하다 오너라

05.
죽을 고비에서 살아남

인민군들이 서울을 점령하였을 때, 국군이 들어오기 전날 밤 장사를 마치고 나와 친구와 조카 셋이서 집으로 돌아오고 있었다. 긴 층층대가 있는 길의 중간쯤 올라갔을 때 인민군들이 갑자기 나타나 총을 들이대며 "동무들 거기 서시오." 했다. '기어이 잡혔구나? 어떻게 될까?' 생각하고 멈추어 섰는데 그들은 우리를 자세히 살펴보더니 나보다 몇 살 아래 조카에게 "동무는 가시오." 하고 나와 내 친구에게는 "동무, 동무는 따라오시오." 했다. 우리는 따라가는데 우리가 도망갈까 봐 "동무들 앞으로 가시오." 하면서 총을 들고 뒤에서 따라 왔다.

'독 안에 든 쥐같이 꼼짝할 수 없이 잡혀 죽는구나.' 생하면서도 두렵지 않았다. 6.25 전쟁이 나기 3개월 전에 '왕중왕' 영화를 보고서 나는 어릴 때 주일학교 다닐 때 알았던 예수를 믿기 시작했고, 그동안 은혜 충만한 삶을 살았기 때문에 겁이 나지 않았다. 지금 생각하면 우연이 아니라 주님께서 나를 살리시려고 '왕중왕' 영화를 보게 하여 다시 믿게 하시고 은혜받게 하셨던 것이다.

이때 나는 첫 은혜 받아 예수만 생각하던 때라 인민군이 예수 믿는다고 죽이면 죽기로 결심하였고, 내 마음에 오직 예수밖에는 없었다. 공산주의자들은 기독교 말살주의자들이니 예수 믿는 것을 알면 살려두지 아니할 것이다. 비록 어린 처녀였지만 인민군의 총뿌리 앞에서도 다리가 떨리거나, 죽으면 어찌하나 하는 두려움은 없었다.

붙잡혀 한참 올라가니 인민군들의 처소인 민청이 보였고, 민청 앞 광장에 들어서니 사람들이 꽉 차 있었다. 한쪽에서는 호명하고 한쪽에서는 호루라기를 불고 한쪽에서는 확성기에서 떠들고 분위기가 사뭇 살벌하였다. 내 뒤에서 총을 겨누고 따라오던 인민군들이 우리도 그들 속에 데려다주었다. 그들이 가자마자 어느 여성이 등록할 공책을 들고 와 등록을 하려고 하다가 내 친구를 보고 멈칫하였다. 그리고 내 친구에게 소곤거리듯이 말했다.

"오늘 밤에 잡히는 사람들은 다리 복구공사 한다는 핑계로 데려다 다 죽이려 한다."는 것이었다. 그러니 우리에게 빨리 도망하라고 하였다. 이 말은 들은 내 친구는 나에게 "너부터 도망하라. 나는 친구가 있으니 괜찮다."고 하였고 그 말을 듣고 나는 도주하기 시작했다. 빨리 가야 하는데 장애물이 너무나 많았다. 왜 그리 빨리 갈 수 없는지, 가도 가도 뱅뱅 돌아 또 제 자리로 왔다. 길이 보이지 않았다. 호루라기는 불어 대고, 폭격으로 깊이 파여 있었고 칠흑 같은 밤이라 어디가 어디인지 분별할 수 없었고, 잡히면 죽는다는 생각으로 어찌할 수가 없었다. 이 위급한 때 순간적으로 예수님

너는 복음을 전하다 오너라

께 기도하면 된다는 생각이 들었다. 나는 즉시 예수님께 도움을 요청했다.

"예수님, 캄캄해 길이 보이지 않아 갈 수 없어요. 못 가겠어요. 예수님, 나의 길을 밝혀 갈 수 있게 해주세요! 잡히면 죽어요." 하고 기도를 드렸다. 기도하고 눈을 뜨니 앞이 환해지며 길이 보이는 것이다. 그래서 나는 빨리 도망할 수 있었다. 믿는 것이 이런 때 참으로 좋았다. 믿음은 어려울 때 도움을 받을 수 있어 참으로 든든한 의지할 바위가 되었다.

이렇게 조금 도망가다 보니 저 멀리에 우리 집이 보였다. 나는 집으로 가서 식구들에게 "나 찾으면 왔다 하지 말라"고 하고는 옆집으로 피해 갔다. 옆집은 집이 크니까 안전할 줄 알았다. 하지만 나중에 안 것이지만 그 집은 애국자의 집이라 더 위험한 곳이었다. 가랑잎을 싸 들고 불 속으로 들어간 것이었다.

나는 들어가자마자 그 집 다락으로 올라가 숨었다. 그 집에 아주머니가 잠시 후 올라와서 하는 말이 "남자도 아닌 여자가 왜 도망 다녀야 하느냐?" 하며 걱정하시면서 "걱정하지 말라. 내가 보호해 주마."라고 하셨다. 참으로 고마운 분이셨다. 나는 아이 옆에서 마음 놓고 곤히 자고 있는데, 누군가 대문을 두드리는 소리가 났고 아주머니가 나가 대문을 열어주니, 인민군들이 군화를 신은 채로 마루로 올라와 방안까지 들어왔다. 자는 나를 보고 누구냐며 깨우라고 했다.

주인아주머니가 우리 집 아이 보는 아이인데 종일 앓다가 지금

간신히 잠들었다며 깨우면 안 된다고 엄살을 떨었다. 그러니까 "동무 가십시다." 하며 인민군들이 함께 나가버렸다. 그날 밤은 나의 작은 키가 덕을 본 셈이었다.

그다음 날부터 인민군들은 후퇴했고 아침부터 인민군들을 추격하는 아군의 폭격이 시작되어 동민들은 방공호로 피했다. 우리도 방공호로 가는데, 가는 길과 방공호 안에 시체가 나뒹굴고 있어 다시 집으로 돌아오는데 폭탄은 나보다 한발 늦게 내가 지나간 자리에 떨어졌다. 꼭 내가 서 있다 지나간 자리에 떨어졌다. 그때는 누구나 할 것 없이 다 사망의 음침한 골짜기를 지나고 있었다. 그런데 하나님이 나를 이 사망의 골짜기에서 해를 입지 않게 하셨으니 참으로 감사했다.

> 내가 사망의 음침한 골짜기로 다닐지라도 해를 두려워하지 않을 것은 주께서 나와 함께 하심이라 주의 지팡이와 막대기가 나를 안위하시나이다(시 23:4)

"내가 산을 향하여 눈을 들리라 나의 도움이 어디서 올까 천지를 지으신 여호와에게서로다 여호와께서 너를 실족하지 아니하게 하시며 너를 지키시는 이가 졸지 아니하시리로다."(시편 121:1-3)라는 말씀을 나에게 신실하게 이루어 주셨던 것이었다.

아침부터 몇 시간 동안 폭탄을 퍼붓더니 조용해지면서 국군이 들어 왔다. 얼마나 좋은지 만세를 부르고 '이제는 살았구나!' 참으

너는 복음을 전하다 오너라

로 하나님은 나의 피난처와 나의 도움이 되셨다. 이처럼 6.25 동란의 죽을 수밖에 없는 상황에서 하나님께서 나를 살려 주셨던 것이다. 할렐루야! 나는 이 은혜를 영원히 잊을 수 없으며 만입이 있어도 다 갚을 수 없다.

Chapter 3.

대구 피난 생활과
주님의 부르심

"너는 왜 누워서 성경을 보느냐?"

01.
가엾은 내 인생

　　피난 때의 고생은 이루 말할 수 없었다. 그래서 다시는 피난 가지 않으리라 했으나, 1.4 후퇴 때 사람들은 다시 피난 보따리 싼 사람들로 거리에는 행렬이 늘어섰다.

　우리 가족들도 서둘러 짐을 싸 트럭에 싣고 출발했다. 사람들은 기차를 타고 기차 꼭대기에 올라타기도 하고 달구지를 타고 피난 갔으나, 우리는 트럭을 타고 고생하지 않고 대구에 도착하였다.

　대구에서 어느 분이 내당동에 임시 집을 제공해 주어 그 집에 짐을 풀고 살았으나 얼마 지나지 않아 사정이 여의치 않아 셋방을 얻어 나갔다. 셋방은 여섯 식구가 살기에는 좁은 집이었고, 전기 누전으로 불이 날 뻔도 하였고, 물은 멀리서 물지게로 져다 먹어야 했으므로, 사는 데 불편한 것은 이루 다 말할 수 없었다. 사는 것 자체가 고생이었고 이런 고생은 처음이었다. 남한이 좋다고 왔는데 전쟁이 일어나 피난 생활을 하다 보니 무엇 하나 평안하고 좋은 것이 없었다. 제일 큰 문제는 경제였다. 열심히 노력하지 않으면 여섯 식구가 학교 다니는 조카들과 살아갈 수가 없었다. 나는 무엇을 해야 할지

대책이 서지 않았는데, 하루는 조카가 시장에서 스웨터 짜는 것을 주문받아 짜자고 하였다. 소학교 다닐 때 털실로 스웨터를 짜 주기도 했으니, 내가 할 만한 일이었다.

조카와 열심히 스웨터 상인들에게 주문을 받아서 일을 했고, 솜씨가 좋아서 주문이 많이 들어왔다. 하루는 조카가 하는 말이 주문만 받지 말고 이제는 가게를 얻어서 장사하면서, 주문을 받자고 했다. 가게를 얻어 주문받아 스웨터를 짜기 시작하니, 예상외로 주문이 많이 들어와, 우리 식구끼리는 다 감당할 수 없어, 사람을 모집해 짜야 했다. 조카는 주문받고 파는 일을 하였고, 나는 집에서 사람들과 스웨터를 짜니 수입도 많아졌다. 돈이 모이자 집부터 마련했다. 대명동에 있는 판자촌에 집을 샀다. 판잣집이지만 궁궐 부럽지 않았고, 우리 집에서 산다고 생각하니, 마음이 안정되고 살만하였다.

나는 대구로 피난 온 후로, 집에서 제일 가까운 대명동 대광장로교회에 다녔고, 찬양대까지 했으나, 일하느라 교회를 못 갈 때가 많아 얼마간 교회 다니는 것을 쉬었다. 그런데 이때부터 마음이 고독하기 시작했다. 날마다 내 입에서는 "쓸쓸한 이 세상 너는 무엇을 위해 사느냐? 저 하늘에 달은 항상 볼 수 있는데 어머니는 왜 못 보는가?" 하는 노래가 흘러나왔다. 그간은 벌어먹고 사는 일에 힘을 다하느라 자신과 교회도 생각할 여유가 없었지만, 이제 여유가 좀 생겨 그런지 나의 불우함이 마음을 사로잡았다.

"왜 나는 부모 없이 살아야 하며 남들은 공부하고 동갑네 조카도 학교에 다니는데, 왜 나는 학교도 못 가고 돈을 벌어야 하는가?"

그러면서 지난날이 회상되며 좌절이 몰려오는 것이었다. 올케 형님이 날 보고 생선 도매상에서 생선 떼다 시장에서 팔라고 갔다가 어린것이 무슨 생선 장사냐 욕하며 다시 나오면 그냥 안 두겠다며 옷고름 찢기던 일, 또 역전에서 기차 타러 오고 가는 사람들에게 "빵 사시요! 빵 사시요!" 하다가 경찰에게 쫓기던 일, 경찰에 잡혀 역전파출소에서 방망이로 팔꿈치를 맞아 팔을 제대로 쓰지 못했던 일, 남대문 노점에서 화장품 장사를 하다 40대로 보이는 남자가 나타나 화장품 팔아 주겠다 하여 따라갔다가 여관이라는 그 집 간판을 보고 '나를 팔려 하는구나!' 하고 도망치던 일, 그날 한문을 몰랐다면 어떻게 되었을까? 또 대구에 와서 아동복 집에서 재단하던 일, 직장 생활한다고 군인 식당에 취직했다가 생명 같은 내 정절을 지키려고 직장을 버려야 했던 일들이 주마등 같이 지나갔다.

깊은 고뇌의 늪에 빠져 허우적거리는 내 인생, 자유를 위해 살겠다고 어머니와 형제를 버리고 온 것이 이것인가? 내 인생이 가엾고 쓸쓸해 살 수가 없었다.

02.
자살하려다 부흥회 참석

　　　우리 오빠는 자기 자식만 공부시키고, 조카와 동갑
인 나에게는 돈이나 벌라고 하였다. 나에게는 공부도 못하는 희망
없는 삶이 날마다 반복되었고, 그래서 더는 살기가 싫어졌다. 그간도
인생의 막을 내리려고 많이 생각했었지만, 이제는 정말로 더 살고 싶
은 마음이 없어졌다. 오빠 집에서 나가 독립적인 삶을 살든지, 아니면
죽든지 결단을 내려야겠다고 생각하고, 하루는 오빠에게 돈 5만 원을
요구했다.

　　오빠는 "무엇에 쓰려 하느냐"고 물으셨다 가출하려고 한다고 하
면서, 절대로 나쁜 길로 빠지지 않고 깨끗하게 잘 살겠으니 돈을
달하고 했더니, 오빠는 "통일이 되면 어머니를 어떻게 보겠느냐?"
하시며 거절하셨다.

　　그래서 나는 이제는 죽어야겠다고 마음을 먹고, 오빠에게 내가
자살할 것이라고 말했다. 그 후 나는 좌절이 올 때마다 양잿물, 독약,
수면제 등 죽을 방법을 생각했었다. 양잿물을 마시면 뱃속이 걸레
가 될 것이고, 독약은 배가 뚱뚱 부어 죽을 것이고, 수면제는 자다

가 인기척 없이 죽겠고, 그래서 이 세 가지는 다 싫었다.

그러던 어느 날 라디오를 듣는 중, 여자는 15일 단식하면 죽고, 남자는 밥을 짓지 아니함으로 7일만 굶으면 죽는다고 했다. 나는 밥을 하지 않고 살았기에 7일 단식하면 죽을 수 있을 것 같았다. 하루는 모진 마음을 먹고 죽기 위해 단식하기 시작했다. 조카들 하고 같이 덮어야 하는 이불도 혼자 덮고, 아침이 되어도 일어나지도 않고, 또 식구들의 마음을 상하게 하려고 일부러 방 출입구에 누웠다.

식구들은 아침 식사 후 학교와 일터로 가고 아무도 없었다. 굶은 지 반나절이나 지났을까 배가 고파 참기가 힘들었다. 배에서는 '밥 들어오라, 또 한편에서는 가치 있게 살다 가치 있게 죽어라, 자존심에서는 죽겠다 했으니 죽어라.' 심적 싸움으로 고통은 더 하였고, 굶어 죽는 것이 얼마나 힘든가를 알았다. 그렇다고 밥을 먹을 수 없고 이렇게 하루가 지나가고 이틀째가 되는 날이었다.

우리 교회 찬양대를 같이하던 김봉실 선생이 찾아와 내가 누웠던 자리를 보고 어디 아프냐고 물었다. 나는 아니 죽으려 한다고 대답했더니, 그는 깜짝 놀라며 왜 죽으려는가? 김 선생같이 명랑하고 행복한 사람이 죽으려 한다며 교회에서 부흥회 하는 데 참석하자고 했다. 이번 부흥회에서 교인들이 성령의 불을 받고, 방언도 하고, 천국과 지옥도 본다고 했다.

나는 되물었다. "성령의 불 받으면 타지 않는가? 방언은 무엇인가?" 방언은 하늘의 말이며 성령의 불은 사람이 타지 않는다며 정말

너는 복음을 전하다 오너라

천국도 지옥도 본다고 했다. 나는 이 말을 들으면서 삶의 길이 있으면 내가 왜 죽느냐? 교회에 가서 나도 살길을 찾아보자고 생각하고, 김 선생과 가기로 약속했다.

아침 식사를 하고 부흥회 참석하기 위해 교회로 갔다. 교회 안에는 많은 성도가 미리 와서 기도하면서 은혜받을 준비를 하고 있었다. 그중에는 손뼉 치며 찬송하는 사람, 울며 기도하는 사람, 진동하며 토끼같이 뛰는 사람 등 과거 내가 믿을 때와는 방법이 달랐다. 나는 어떻게 해야 은혜를 받을까? 생각해 보았더니, 우는 것이 제일 빠를 것 같았다. 울면 사람도 동정하는데, 하나님도 동정하실 것이 아닌가?

그런데 우는 것도 쉽지 않았다. 아무 때나 눈물이 나는 것이 아니었다. 아무리 울려 해도 눈물이 나오질 않았다. 나는 본래 눈물이 없는 사람이었다. 아홉 살 때 아버지가 돌아가셨는데, 젊은 아버지가 돌아가셨다고 다들 울고, 조카들도 우는데, 딸인 나는 눈물이 나지 않아 창피한 생각이 들었다. 나는 할 수 없이 불효자식 면하려고 침을 눈에 발라 가짜 울음을 울었다. 또 그때까지 할머니가 생존해 계셨는데, 할머니 돌아가실 때 눈물이 안 나오면 어찌하나 걱정이 태산이었다. 그런데 마침 할머니 돌아가셨을 때는 눈물이 나서 좋아했었다. 이런 나였기에, 눈물을 흘리는 것이 여간 어려운 일이 아니었다.

그래서 나는 울기 위해 어떻게 할까 생각하다 신세 한탄을 하기로 했다. "왜 나는 부모가 안 계신가? 남들은 대학도 가고 유학도

가는데 나는 공부도 못하고, 오척단신 둘 곳 없어 죽으려 했던가?"
이렇게 신세 한탄을 하는데, 내 설움에 눈물이 쏟아지기 시작했다.
자신의 처지가 불쌍해 눈이 붓도록 울고 있는데, 아마 다른 사람들은
은혜받아 운다고 했을 것이다. 한참을 서러움에 울고 있는데 사회
자가 강단 종을 땡땡하고 치면서 예배 시작을 알렸다.

사회자가 찬송을 인도하기 시작했다. 찬송가 '내주의 보혈, 이
기쁜 소식을, 먹보다 더 검은 죄로 물든 이 마음'을 불렀다. 찬송을
힘차게 부르고 통성기도를 했는데 모두 소리치며 부르짖었다.

그리고 사회자가 "강사님 나오시겠습니다."라고 한 다음 강사님
이 나오시는데, 강사님(당시 나운몽 장로님, 1979년 목사 임직, 2009년 소천)
은 키도 작으셨다. '공부 박 군의 심정'이라는 주제를 가지고 말씀
을 전하는데, 사람의 마음에는 7정이 있다고 하시면서 짐승의 비유
를 들어 설교하셨다. 염소 마음(음란), 돼지 마음(욕심), 뱀 마음(간교
간사), 공작 마음(교만) 등 하나하나 듣는데 어찌나 은혜가 되는지,
나는 속으로 옳거니, 옳거니 했다(그 당시 나는 '아멘'을 몰랐다).

강사님이 두 시간 열변을 토하는데 '와 저렇게 설교 잘하는 사람
은 처음이네,' '이는 죽은 설교가 아니라 팔팔 살아 생명 있는 움직
이는 설교네.' 하는 생각이 들었다. "짐승 같은 마음을 십자가에 못 박
으라. 너희는 유혹의 욕심을 따라 썩어져 가는 구습을 좇는 옛사람을
벗어버리고 새사람을 입으라."고 강사님이 말씀하실 때는, 사람의
소리가 아니라 불덩어리였다. 설교가 끝나고 통성기도를 시키면서
벼락같이 소리를 치며 "죄인들아 회개하라! 탕자들아 돌아오라!"고

하시는데, 나는 그 말에 마음이 찔렸다. "그렇습니다! 나는 죄인입니다."라고 소리치면서 회개를 했다. 주일 날 교회 가지 아니한 죄가 제일 큰 죄였고, 또 남한에 오려고 작은 오빠에게 전보 치기 위해 올케언니를 속여 돈 받은 것이 생각나 회개했다.

03.
예수님 만나려 결사적 기도

나는 부흥회를 나간 첫날 밤부터 강단 앞에 무릎 꿇고 결사적 기도를 시작했다.

"하나님 나는 모태에서 죄악 중에 잉태되었고, 죄악 중에 출생하였습니다. 나는 죄인입니다! 고아입니다! 탕자입니다! 예수님 살아계십니까? 날 만나 주세요! 보아야 믿겠습니다!"

이 내용으로만 밤새워 기도하고 또 며칠을 기도했다. 하루는 김봉실 선생의 부친 되시는 장로님의 청으로 강사님께 안수를 받았다. 강사님은 내게 안수를 하시면서 "은혜받았습니다." 하셨다. 그런데 이상하게 등이 뜨거워졌다. 성령의 불이 임한 것이다. 오순절 날 임했던 성령의 불이 내게도 임하여 내 마음이 뜨거워진 것이었다. 전에는 성경이 믿어지지 않았다. "아담을 자기들이 보았나? 그 말을 어찌 믿을 수 있는가?" 하며 의심만 들었다. 그러나 성령의 불을 받고 나니 한 구절 한 구절, 성경 66권이 다 믿어졌다. 그때 나는 하나님께 "살아 계신 하나님이심을 알고 믿습니다! 믿어집니다! 긍정합니다!"라고 고백하였다. 성령의 불이 강사님의 말씀을 들으면 들을수록 뜨거워져 어떤 때는 마루에 엎드려 식힐 때도 있었다.

너는 복음을 전하다 오너라

04.
십자가를 보여 주심

부흥회가 끝나고 다시 주님의 은혜를 사모하며 집 중 기도를 시작했다. 먼저 예수 믿다가 세 번 낙심하였으므로, 십자 가에 대한 확신이 필요하였다. 그리고 기독교는 체험의 종교라 하 는데 6.25 전쟁 전 조금 신앙체험 한 것으로는 신앙을 온전하게 유지할 수 없었다. 나는 우선 예수님께서 만민과 나를 위하여 십자 가 지셨다는 자체부터 확인하고 싶었다. "**하나님 십자가 한 번만 보기 를 소원합니다.**" 나는 응답이 올 때까지 부르짖었다. "**십자가 보여 주 세요! 십자가 보여 주세요!**" 부르짖고 또 부르짖었다. 이렇게 한 가지 기도 제목을 가지고 계속 기도했을 때, 자비하신 예수님은 나의 간절 한 소원에 응답해 주셨다.

하루는 철야기도 하고 아침 식사 후에 피곤하여 쉬려고 눈만 감 고 누웠는데, 갑자기 십자가가 나타났다. 둥근 태양 속에 샛별 같은 십자가가 조금 떨어진 곳에 서 있는 것이 보였다. 이때 나는 "주여" 하며 예수님을 불렀다. 내가 "주여" 하면 십자가가 내 앞으로 다가 왔다. 다시 "주여" 하면 내 앞으로 다가왔다. 이렇게 내가 "주여" 할 때마다 내 앞으로 다가온 십자가가 몇 미터 앞에서 멈춰 섰다.

그리고 십자가 속에서 "너는 **십자가를 바라보라 네 모든 시험이 물러 가리라**"는 음성이 들렸다. 이렇게 하여 나는 십자가를 보여 달라는 기도 응답을 받았다. 또 "**누구든지 주의 이름을 부르는 자는 구원을 받으리라**"(롬 10:13)는 말씀처럼 주의 이름을 부르면 주께서 가까이 오신다는 것을 깨달았다.

이때부터 나는 주의 이름을 많이 불렀다. 특히 기도 문이 잘 열리지 않거나 육신이 피곤하여 제대로 기도할 수 없을 때면 주의 이름을 자꾸 불렀고, 어떤 때는 몇백 번이라도 불렀다. 내가 주의 이름을 많이 부르면 부를수록 신기하게도 기도 문이 열리고 하늘의 신령한 세계가 열린 적이 많았다. 지금도 나는 그때의 신앙체험을 기억하며 주의 이름을 많이 부른다.

나는 그 당시 내 인생이 살아야 한다는 생각으로 신앙에만 전념하였고, 조카들이 하는 사업을 돕지 못해 식구들의 눈치를 봐야 해서 심적으로 받는 부담감은 이만저만 큰 것이 아니었다. 이런 나의 형편을 아시는 예수님께서는 나를 흔들리지 않는 굳건한 믿음 위에 세우시려고 보여준 환상이라 생각한다. 이때부터 하나님은 구하면 주신다는 믿음도 생겼고 더 전심으로 기도할 수 있었다.

내 이름으로 무엇이든지 내게 구하면 내가 시행하리라(요 14:14)

십자가를 본 후 나는 십자가만 바라보며 열심히 기도하며 살았다. 주님의 은혜가 너무나 감사해서 찬송가 141장 "**웬 말인가 날 위**

하여 주 돌아가셨나. 이 벌레 같은 날 위해 큰 해 받으셨나. 늘 울어도 눈물로써 못 갚을 줄 알아 몸 밖에 드릴 것 없어 이 몸 바칩니다."가 내 애창곡이 되었다.

새벽기도는 다른 사람들보다 먼저 가고 늦게 왔다. 눈물 콧물이 범벅이 되어 작은 수건으로는 다 닦을 수 없었다. 이제 나는 예수님을 믿은 지 50년이 넘었고 그리스도 예수 안에서 행복한 삶을 살고 있다. 이 세상에서 예수님 모시고 사는 것이 가장 큰 행복이다. 나는 이 행복을 지키려고 지금도 힘쓰고 있다.

너희가 온 마음으로 나를 구하면 나를 찾을 것이요 나를 만나리라(렘 29:13)

05.
주님의 엄한 교훈

주님이 지신 십자가를 보고 나니 예수님이 보고 싶어졌다. 한 단계에서 다음 단계로 올라가기 위해 또 기도를 시작했다. "주님, 예수님 한 번만 보여주세요!" 간절한 소원을 아뢰었다. 이처럼 특별한 기도를 드릴 때는 전심전력하기 위해 다른 기도는 일절 중지하고, 한 가지 제목만 가지고 응답받을 때까지 간절한 마음으로 기도했다.

하루는 철야 기도를 하고 돌아와 자야 하는데 성경을 보고 싶어 누워서 성경을 보다가 졸려 눈을 감는 순간, 끌리는 하얀 옷을 입으신 예수님이 오시더니, "너는 왜 누워서 성경을 보느냐?" 하시면서 채찍으로 나를 때리셨다. 채찍은 참나무 같고 둥글며 굵기는 3~4센티 정도였고 길이는 40센티 정도로 보였다. 예수님이 그 막대기로 나의 엉덩이를 때리시는데 얼마나 아픈지 그 아픔은 말로 형용할 수 없었다. 나는 예수님께 안 그러겠다고 두 손으로 싹싹 빌었다. 그러니까 예수님은 채찍을 거두시고 보이지 아니했다.

또다시 잠을 자려고 하다가 한 절이라도 더 본다고 누워서 성경

너는 복음을 전하다 오너라

을 보다가 또 졸았다. 그때 예수님이 두 번째 다시 나타나셔서 나의 엉덩이를 또 때리시는데, 처음보다 더 아프게 때리셨다. 나는 너무 아파 이리저리 뒹굴며 다시 안 그런다고 싹싹 빌었다. 내가 얼마나 난리를 쳤는지 책상에서 공부하던 장조카가 고모 왜 그러시냐고 했다. "예수님이 성경을 일어나 보라고 때리셔!" 조카가 하는 말이 "그러면 일어나 보세요." 나는 알았다고 했다. 그때 예수님이 채찍으로 때리시며 나에게 하시는 말씀이 **"이렇게 말 안 들으면 지옥에 던진다."**고 하셨다.

나는 그 후로는 성경을 볼 때 절대 누워 보지 않는다. 성경은 하나님의 말씀이니 일어나 보라는 것이 당연하다. 우리가 잡지, 신문 등 다른 책들은 편안하게 누워서 볼 수 있다. 그것은 사람의 말이기에 편안한 대로 보아도 되지만, 성경을 읽는다는 것은 지금 하나님이 내게 말씀하시는 것이고 그 말씀을 내가 듣는 것이다. 그렇기에 성경은 바른 자세로 일어나 하나님의 말씀을 듣는다는 자세로 보아야 한다. 학교에서 선생님 말씀을 들을 때도 누워 듣지 아니하는데, 거룩한 하나님의 말씀을 들을 때 어떠해야 하는가? 당연한 일이었는데도 나는 그 당시 인식하지 못했다.

이처럼 예수님은 처음부터 철저하게 나를 교훈하셨다. 지금은 성경을 볼 때는 바른 자세를 한다. 말을 안 들으면 지옥에 던진다는 예수님의 말씀이 성경을 대할 때마다 생생하게 생각난다.

06.
기도로 살다

사랑하는 자들아 너희는 너희의 지극히 거룩한

믿음 위에 자신을 세우며 성령으로 기도하며(유 1:20)

나는 그동안 믿음의 터는 있었지만 믿음 위에 나를 건축하지 못하였으나, 성령을 받으면서 참믿음을 가지게 되었다. 성령 받기 전에는 시간이 없거나 무슨 일이 생기면 교회도 가지 않았으며, 천국 간다는 목적도 없이 우리 할머니와 가족들이 교회 다니니 나도 교회 가는 것뿐이었다. 진실한 믿음도 없이 형식적일 때가 많았다. 그러나 성령을 받은 후에는 교회 가는 것이 철저해지고 예배 시간에도 빠지는 법이 없었다. 내 신앙이 과거와는 정반대로 바뀌었다.

물과 성령으로 거듭나니 육신적으로 살던 삶이 그리스도를 통하여 영적으로 사는 삶이 되었다. '육신의 생각은 사망이요 영의 생각은 생명과 평안'이라는 말씀처럼 성령을 받으니 육신을 따르기보다 성령을 따라 사는 삶이 되었다.

성령을 통하여 내 삶에 일어난 가장 큰 변화는 마음에서 기도하고 싶어 견딜 수가 없는 것이었다. 이때부터 나는 기도하는 것만은

너는 복음을 전하다 오너라

그 누구에게도 뒤지고 싶지 않아 늘 기도할 곳을 찾게 되었고, 새벽에도 남들보다 한두 시간 먼저 기도하러 교회에 갔었다. 교회 문이 잠겨 있으면 사찰 집사님이 나와 문을 열 때까지 교회 앞에서 쭈그리고 앉아 기도하였다. 그때 다니던 대광교회는 화장터 옆이라 굉장히 무서운 곳이었다. 그러나 기도할 마음으로 가득 차 있는 내 마음에는 전혀 두려움을 느낄 수가 없었다.

어떤 때는 밤이면 기도하고 싶어 교회에서 혼자 기도하기도 하였고, 기도하다 보면 기도 동지들도 생기고 혼자 사시는 분들이 오셔서 철야기도를 같이 하기도 하였다. 낮에는 집에서 성경을 보았고 시간만 있으면 기도를 했다. 지금 생각하면 주의 일을 시키려고 성령님께서 내 마음에 기도하고 싶은 소원을 주시고 말씀을 깊이 사모하는 마음을 주셔서 나를 훈련하신 것 같은 생각이 든다.

성령 받은 자들이 방언을 하니까 교회 내에서 반대하는 사람이 생겼다. 어떤 분은 방언 기도하면 "사단아 물러가라"까지 하였다. 물과 기름이 하나가 될 수 없음을 깊이 깨닫고 나서 더는 그 교회에서 신앙생활, 은혜 생활을 할 수 없어 장로님들과 집사님들 중 성령 받은 사람들끼리 나가서 신앙생활 하자고 하여 나누어지게 되었다.

갈라져 나온 성도가 80여 명 가까이 되었다. 우리는 다른 곳에 땅을 마련하여 천막을 치고 교회를 시작했는데 이때 나는 정말로 살판이 났다. 교회 문을 잠그지 않으니 언제나 기도할 수 있었고 또 은혜받은 교인들이 많아 항상 철야기도를 많이 했고, 기도의 불이 강해지니 성령의 역사가 강하게 나타났으며, 이를 통해 천막교회에는 은혜받은 교인들의 수가 점점 늘어나기 시작했다.

나는 그 당시 철야기도가 어찌 그리 좋은지 말로 표현할 수가 없었다. 기도를 한참 하다 **"주여 응답하소서!"** 하면 주님은 힘과 능력으로 응답하셨다. 그러면 온몸에 진동이 오다가 뒤로 벌렁 넘어졌다. 그러면 나는 또 일어나 부르짖었다. 나중에 주의 일을 할 때도 **"주여 응답하소서!"** 하면 응답하셨다.

주님은 주님의 일을 할 사람에게 먼저 기도할 마음으로 가득 채우시고 기도하게 하시는 것이다. 그러므로 이때는 순종하고 기도해야 한다. 그래야 은사가 임하고 능력으로 역사하게 된다. 기도할 마음이 가득 차지 않으면 이 생각 저 생각에 사로잡히게 되고 기도하기 싫어져서 빨리 일어나고 싶어진다. 그러나 기도하고 싶은 마음이 가득 차면 밤낮 때와 시간을 가리지 않고 기도하게 되는 것이다.

당시 내가 기도하던 내용은 간단했다. **"내 평생 예수 믿게 하시고 주님의 뜻대로 살게 하옵소서!"** 이것이 나의 기도내용이었다. 나는 어린 시절 교회 다니다가 쉬고, 6.25 때 교회 다니다가 쉬고, 대구로 피난 가서 믿다가 쉬고, 세 번이나 믿다가 쉬었다. 나의 간절한 기도는 **"교회에 나오는 것을 쉬지 말게 하시고, 평생 주님만 믿고 의지하고 주의 뜻대로 살게 해 주세요!"** 였다. 이렇게 드리는 기도는 눈물의 기도 그 자체였다.

그동안 헤어졌던 하나님 아버지를 다시 만났으니 감사해 울고, 기도하면 성령으로 위로해 주시니 울고, 눈물이 어찌 그리 많은지

너는 복음을 전하다 오너라

날마다 울어도 날마다 눈물이 났다. 육신 부모도 없는 내가 영적 아바 아버지를 만나 하늘나라 권속이 되었으니 얼마나 감격스럽고 좋은지 말로다 표현할 수가 없었다.

나는 주의 뜻대로 살게 해 달라는 기도와 주님을 떠나지 않게 붙잡아 달라는 기도를 드리며 울고 또 울었다. 오직 주님의 뜻만 구했을 뿐인데 주님은 스무 살이 갓 넘은 나에게 여러 가지 은사를 많이 주셨다.

그들이 사도의 가르침을 받아 서로 교제하고 떡을 떼며 오로지 기도하기를 힘쓰니라(행 2:42)

07.
사랑할 마음을 충만하게 채워 주심

　　사랑을 받은 자가 사랑을 줄 수 있다고 하는데 나는 어려서 부모를 떠났기에 어머니에게 깊은 사랑을 받았던 것을 잊어버리고 늘 외로움과 씨름하는 생활을 하였다. 이런 나에게 어느덧 사랑이란 단어는 점점 거리가 멀게 느껴졌다.

　　그러나 성령 받은 나의 삶은 하나님을 전심으로 섬기며 내게 있는 것을 다 드리고 싶은 사랑의 마음으로 가득 찼다. 그때는 경제가 워낙 어려운 시대라 하루 먹고 살면 그것으로 만족해야 했고, 사람들도 욕심을 가질 수 없는 시대였다.

　　하루는 하나님께 드릴 것이 없어 제일 아끼던 치마저고리 한 벌을 깨끗이 빨아 다려서 강단에 갖다 드렸다. 지금 생각해 보니 이것이 하나님을 사랑하는 마음의 표현이었다. 그리고 연필도 두 개 있으면 없는 학생 하나 주고, 옷도 두 벌 있으면 한 벌 나누어 주는 생활을 하게 되었다.

　　사람의 욕심이 음부 같다고 했는데 욕심이 없으니 나의 마음은 부요한 자가 된 것 같았다. 내일 걱정도 하지 않게 되었다. 이렇게 나누는 삶을 살다 보니 때로는 내가 입을 옷조차 없어서 곤란할 때도 있었다.

하나님의 사랑이 내 마음에 차고 넘쳐 날마다 감격해서 기도할 때면 눈물이 났다. 돈이 없어서 우는 눈물도 아니고 먹을 것 없어서 우는 눈물도 아니고 하나님의 사랑에 감격하여 울었고 작은 수건으로는 흐르는 눈물을 다 닦을 수 없어서 큰 수건을 가지고 가야만 했다.

부모도 없는 어려운 삶으로 죽고 싶은 생각도 있었지만, 하나님은 내 구주가 되시고, 내 아버지가 되시니 한없는 위로가 되었다. 이처럼 하나님의 사랑에 잠기어 시간 가는 줄도 모르고 또 울고 울면서 감사하고 감격하였다.

08.
봉사할 마음을 주심

이 무렵 나는 주님을 위해 무엇이든지 하고 싶어 가만히 있을 수가 없었다. 일반교회에는 거의 사찰 집사가 있었는데 우리 교회도 예외는 아니었다. 교회 청소가 너무 하고 싶어 나는 가만히 앉아 있을 수 없어, 사찰 집사님이 청소하기 전날 청소를 다 해놓을 때도 있었고 재래식 화장실 청소를 해놓기도 하였다. 누가 시켜서 하는 것도 아니었고 자발적으로 하게 되었지만, 사찰 집사님께 실례가 되는 것 같아 얼마 하다가 그만두었다.

또 전도할 마음도 가득 차고 넘쳐 방에서 혼자 예수 믿으라고 설교도 해보았다. 누가 보면 정신 나간 사람이 아닌가 할 정도였다. 또 밖에서 사람들을 만나면 "예수 믿으라."고 전도했고 이런 나의 모습은 내가 생각해도 이전에 내가 아님을 느낄 수 있었다. 모든 것을 기쁨으로 할 수 있다는 것이 하나님의 은혜였다.

너는 복음을 전하다 오너라

09.
방언 통변을 하게 하시고

하루는 교회에서 집회하는데 성령의 역사가 놀랍게 일어났다. 예배를 마치고 집으로 돌아간 사람도 있었지만, 대부분의 성도는 성령 충만을 위해 계속 찬송하고 기도하였다.

밤에 방언하시는 집사님이 강단에 올라와 방언 기도를 하다가 나를 지명해 부르며 강단으로 올라오라고 하였다. 그리고 방언통변을 하라고 하였다. 나는 방언도 못하는 사람인데 어떻게 하느냐고 말했지만 그래도 하라고 하셨다. 집사님이 방언하는데 나는 그 말을 한마디도 알아들을 수가 없어 못 하겠다고 하였다. 참으로 난처했다. 주님께서 통변 은사를 주셔야 하지 나의 지혜로는 전혀 할 수가 없었다.

나는 성도들에게 나에게 방언통변의 은사를 주시라고 통성기도를 부탁했으며 성도님들은 기도했고, 나도 방언통변의 은사를 달라고 기도했다. 통성기도 후 집사님이 다시 방언하였고 나는 눈을 감았다. 그런데 내 눈앞 화면에 글이 수직으로 기록이 되어 있는 것이 보였고, 나는 그것을 보고 통변했다.

그렇게 얼마를 하다가 이제는 안수기도하자고 하였다. 평신도였지만 예수님을 믿고 의지하여 안수했고 내가 안수할 때 사람들이 성령충만을 받았다. 어떤 사람은 나를 붙잡고 계속 기도 받기 위해 놓아주질 않았다. 그날 성령의 역사는 정말로 놀라왔다. 나는 그때 방언통변 은사를 받았다. 나중에는 누가 방언하는 것을 들으면 멀리서도 통변을 할 수 있게 되었다.

너는 복음을 전하다 오너라

10.
성령 역사와 사단 역사를 분별하게 되고

성령 역사를 너무 강하게 체험하다 보니 교만으로 이단이 된 장로도 있었고 성령충만 받은 집사님이 병도 고치고 은사 사역을 하다가 잘못된 것도 보았다. 우리 교회 어떤 집사님이 병든 아이를 기도해 주러 가는데 나에게 같이 가자고 하였다. 그때가 새 벽이었기 때문에 집사님에게 새벽부터 남의 집에 가는 것이 실례 가 될 것 같으니 아침 먹고 가자고 말했으나 집사님은 지금 가자고 했다. 나는 '먼저 덕을 생각해야 하는 것이 은혜받은 자인데' 라고 생각하며 할 수 없이 집사님을 따라갔다.

방에 들어가서 기도를 한 후 예배를 드리려고 하는데, 나를 보고 한쪽 창문을 열라고 하였다. "추운데 왜 창문을 열라고 하느냐?" 했더니 집사님은 열어야 된다는 것이다. 할 수 없이 창문을 열기는 하였지만, '아, 이것은 잘못된 것인데'라는 생각이 들었다. 주의 일은 무조건 믿음으로 하는 것이지 동쪽 창문을 열라고 하는 것은 무당들 이 하는 짓이었다. 나는 그 후부터 집사님과 같이 다니지 않았다. 영적 세계에도 진짜가 있으면 가짜도 있는 법이다.

내가 주의 종이 된 후, 한 번은 서울 어느 장로교회 집회 인도를 하는데 첫날 설교가 끝나고 통성기도를 시켰는데 방언을 하며 뛰고 난리가 났다. 그런데 성령님이 분별력을 주시는데 이들의 방언은 참 방언도 있지만 배운 방언이 많다는 것을 알게 하셨다.

그래서 기도가 끝난 후 방언을 중지시키고 방언의 은사를 구하면서 기도를 많이 하면 참 방언을 하게 될 것이라고 가르쳐주었다. 한때 한국에 방언 바람이 많이 일어났었다. 주님의 뜻을 구하고 기도에만 전념하면 하나님께서 쓰실 때에 각종 은사를 주시는 것이다.

너는 복음을 전하다 오너라

11.
대구 고등성경학교에서의 성경공부

대구에서 대광교회를 다니고 있을 때 우리 교회의 반주자 되신 분이 대구 고등성경학교(그 당시 이상근 박사가 교장이었음) 교사였는데 나도 그분을 통하여 대구 고등성경학교에 입학하게 되었다. 성령을 받았으니 성경 말씀을 배워서 말씀에 굳게 서야 주의 뜻을 바르게 알 수 있다고 생각했기 때문이었다. 학교에서 성경공부를 하는데 교장 선생님과 교사들이 너무도 잘 가르쳐 주셔서 지금도 그 감동을 잊지 못한다.

그러나 어느 교사는 최근에 일어나는 일들은 성령 역사가 아니며 사단의 역사라고 했다. 그 교사의 말을 들으면 내가 받은 것이 성령인가? 아닌가? 의심이 생겼고 이 때문에 나는 마음에 많은 갈등이 있었다. 그런데 이상한 것은 내가 받은 것이 성령이 아닌가? 하고 생각하면 마음이 괴로워지고, 내가 받은 것이 성령이라고 생각하면 즉시 마음이 평안해졌다.

그때 내 마음의 갈등과 괴로움은 내가 감당할 수 없을 정도로 컸다. 학교를 안 갈 수도 없고 갈 수도 없고, 배운다는 것은 하나하나 깨닫는 재미가 있어야 하는데, 주님의 진리를 배우는데 괴롭고 고민이 되니 여간 걱정되는 것이 아니었다. 공부 못해 한이 된 사람이 죽을 것을 살려주신 진리를 배우는데, 성령을 거스르는 교육을 받자니 견딜 수가 없었다. 가르치는 것은 학구적이며 체계적으로 은혜롭게 잘 가르쳤지만, 성령 역사에 있어서는 성경과 달랐다. 그래서 마음이 괴로워 어쩔 수 없이 고등성경학교를 그만두었다.

방언도, 통역도, 예언도 다 성경이 증거하는 내용이 아닌가? 그런데 왜 성령의 역사를 부인하는지 나로서는 이해가 되지 않았다. 물론 성령의 역사가 있는, 반면 사단의 역사도 있다. 사단도 자기를 광명의 천사로 가장하며, 악한 자의 임함은 사단의 역사를 따라 모든 능력과 표적과 거짓 기적으로 임하기도 하지만 성령의 역사와 사단의 역사는 분별해야지 성령의 역사마저 사단의 역사라고 하는 것은 성령훼방죄에 해당하는 무서운 죄를 범하게 되는 것이다. 그렇기에 우리는 주께 분별력을 구해서 바르게 판단해야 하는 것이다.

나도 내게 임한 성령의 역사를 항상 기도하며 성령님의 분별력을 구했다. 그때 만약 성령님이 분별력을 주시지 않았다면 나도 어떤 사람들처럼 잘못될 수도 있었을 것이다.

당시 대구의 성령 역사는 나운몽 장로님을 통하여 강력하게 일어났다. 나운몽 장로님은 말씀을 선포하면서 성령을 받으라고 하셨지 특정한 은사(병 고침, 방언, 기적)만 강조하지 않았기 때문에 더욱 은혜가 넘쳤다. 나는 가끔 용문산 기도원(경북 김천에 소재해 있는 곳으

너는 복음을 전하다 오너라

로 1940년대 후반부터 감리교 장로였던 나운몽 장로님이 초교파적인 기도원을 개척하여 전국에 기도운동과 성령운동을 일으켰던 곳으로써 법인명은 애향숙이다. 또 그곳에 성경학교와 기드온 신학교가 있어 사명 받은 많은 종이 신학을 공부하고 있었고 연중 전국 각지에서 수많은 성도님이 모여와 기도하고 은혜를 받던 기도원이었으며, 1979년 오순절 성결회 교단에 소속하였다)에 가서 은혜받고 기도하고 내려올 때는 목이 쉬어 매표소에서 대구 가는 표를 달라는 말을 못할 정도였다. 기도원에 갈 때마다 나운몽 장로님을 통하여 얼마나 많은 은혜를 받았는지 모른다.

그런데 박태선 장로(후에 전도관 이단이 됨)는 달랐다. 하루는 박태선 장로가 천막집회를 하는데 사람들이 인산인해를 이루고 은혜도 많이 내린다며 나에게도 가자고 하였다. 나도 교인들과 같이 참석하였는데, 그는 '쉭쉭' 하면서 "은혜가 안개같이 내린다. 불이 내린다. 소경이 눈을 떴다. 앉은뱅이가 일어났다"고 하면서 강단에서 병 고침 받은 아이를 보여 주면서 간증도 했다. 그런데 내가 보기에는 말씀이 없었다. 성경을 봉독해놓고는 그 말씀을 가지고 전하지 않았다. 말씀 없이 그저 기적이 일어났다, 은혜가 내린다고 했는데, 나는 이것은 아니라는 생각이 들었고 마음에서도 성령의 확신이 오지 않았다.

그래서 그 뒤로 다시는 박태선 장로의 집회에 참석하지 않았는데, 얼마 후에 자기가 '감람나무'라고 한다는 소문이 들렸다. 나의 판단이 맞았던 것이다. 이처럼 성령을 가장한 잘못된 역사도 있었지만, 나는 나에게 일어난 일들이 분명히 성령의 역사임을 확신하였다.

12.
부르심의 확증과 순종

대구 고등성경학교를 가기 전에 주님께서 두 번이나 나에게 복음을 전하라고 말씀하셨지만 나는 어떻게 해야 할지를 몰라 기도만 하고 있었다.

그런데 대구 고등성경학교를 그만두고 난 후 어느 날 하루는 기도하는데 하나님이 나에게 "용문산 기도원으로 가라."고 말씀하셨다. 그리고 우리 교회 한순일 집사님을 통하여서도 확증을 주셨다. 한 집사님은 마음이 착하고 신앙이 좋은 분이셨는데 얼마 전 사랑하던 어린 딸을 먼저 천국으로 보냈다. 집사님이 하루는 기도하다 입신을 하여 천국에 갔는데, 일찍 죽은 딸이 인간의 말로 형용할 수 없는 아름다운 하늘나라 꽃밭에서 천사들과 놀고 있는 것을 보았다고 하였다. 그리고 주님을 만나서 나에 대한 말씀을 들었는데 "상화에게 용문산 기도원에 가라고 전하라."는 것이었다.

그러나 이 두 가지의 증거가 있음에도 불구하고 나는 용문산 기도원에 가는 일을 쉽사리 결정할 수가 없었다. 내가 용문산 기도원에 간다면, 신학을 하여 주의 종이 된다는 것인데 여자인 내가 주의 종이 된다는 것은 생각도 해보지 않았고 그 당시로는 생각할 수 없는 일이었기 때문이었다.

너는 복음을 전하다 오너라

그러던 얼마 후에 나는 용문산 기도원 집회에 참석했다. 하루는 아침 식사를 마치고 방에 들어와 이불 위에 엎드려 "주님 용문산 기도원에 와서 공부하는 것이 주님의 뜻이면 내게 은사를 주세요." 하고 기도드렸다. 특별히 어떤 은사를 '주시옵소서' 하고 간구한 것도 아니었는데, 그 즉시 방언이 나왔다. '따, 따, 따, 뚜, 뚜, 뚜'가 아닌 유창한 영어와 같은 방언이었다. 얼마나 좋은지 말로 표현할 수 없이 기쁘고 즐거웠다. 방언을 하면 신령한 세계가 열리는 은혜를 주셨고, 또 용문산 기도원에 와서 공부하라는 응답도 받은 것이다.

집회를 마치고 대구 집으로 돌아왔으나 용문산 기도원으로 쉽게 갈 수가 없었다. 그 이유는 내가 공부할 수 있도록 뒷바라지를 할 사람이 없었고, 그동안 이남에 와서 함께 지내던 오빠와 가족들을 떠나기도 쉽지 않았다. 차일피일 시간이 많이 지나면서 내 몸에 이상이 생기게 되었다. 몸에서는 기운이 점점 없어지고 얼굴에는 핏기가 없어졌다. 폐병 환자 같이 기침을 하였고 가래에 피가 섞여 나왔고 몸을 꼼짝할 수가 없었다. 나는 폐병이 들렸나? 불순종으로 징계를 받았나? 하는 생각으로 누워서 "하나님 용문산에 가지 않아 병이 난 것이면 용서해주세요."라고 기도하면서, "즉석에서 나를 일어날 수 있도록 고쳐주시면 용문산 기도원에 가겠습니다."라고 하였다. 그러자 주님은 나의 기도를 들으시고 즉석에서 일어나게 해 주셨다. 정말 놀라운 일이었다. 언제 아팠던 사람이었나 할 정도로 멀쩡하였다. 주님의 능력은 참으로 능치 못함이 없으셨다. 이처럼 내가 주님의 뜻에 순종하겠다고 결심하자 주님은 즉시 치료해 주셨던 것이다.

13.
3,000원 가지고
용문산으로 가거라

내가 용문산 기도원으로 가려고 결심하고 난 어느 날 주님께서 나에게 "3,000원을 가지고 용문산 기도원으로 가라."고 말씀하셨다. 이때 우리 집 형편은 겨울 한 철 스웨터를 짜서 파는 일 외엔 별다른 수입이 없었는데, 오빠에게 돈을 달라고 할 수도 없었고, 결혼해서 어렵게 사는 큰조카에게 돈을 요구할 수도 없었다. 그래서 주님께 "3,000원은 어디서 납니까?" 하고 여쭈어보았다. 그러자 주님은 "박한순 집사에게 가라."고 말씀해 주셨다. 박한순 집사님은 대구 서부교회에 다니고 계셨는데 열정이 넘치는 성령 충만한 집사님이었다. 남편은 직장에 다니고 집사님은 양말을 짜서 도매상에 넘겨주는 일을 했다.

나는 짜서 팔던 스웨터 한 장을 들고 집사님 집으로 찾아갔다. 집사님은 반가워하며 맞아주었다. 서로 안부를 묻고 나서 나는 잠시 망설였다. 돈을 주기는 쉬운데, 돈을 달라는 말을 하기가 너무 어려웠다. 그때는 나라가 6.25 전쟁을 겪은 후라 누구나 살기가 어려웠으므로 아무리 주님이 하라고 하셨지만, 염치가 없었다. 그러

너는 복음을 전하다 오너라

나 주님께서 가라고 말씀하신 것이라 주님의 말씀에 순종해야 할 것 같아 집사님께 오게 된 동기를 말씀드렸다.

집사님은 내가 하는 말을 듣고 난처해하며 요즘은 양말이 잘 팔리지 않아 돈이 하나도 없다고 하셨다. 집사님은 인정도 많고 주님도 사랑하고 순종하는 집사님이었다. 순종하고 싶은 마음은 간절했으나 돈이 없어 고민하던 중에, 어떤 남자가 "계십니까?" 하며 들어왔다.

그 남자는 "세 놓을 방이 있다고 해서 왔습니다."라고 하였다. 집사님은 방 있는 쪽으로 그 남자를 데리고 갔다. 그 남자는 방을 보고 난 후 그 자리에서 언제쯤 이사를 오겠다고 약속한 후 5,000원을 주고 갔다. 집사님은 주님께 감사하며 3,000원을 나에게 주었다.

나는 그때의 상황을 보면서 주님은 말씀하시면 반드시 이루시는 분이시며, 주님의 말씀은 일점일획도 틀리지 아니함을 깊이 깨달았다. 박 집사님의 믿음과 희생정신을 늘 감사하고 있었는데, 얼마 후 나를 찾아와서 하시는 말씀이 나에게 돈을 주고 난 후 주님의 축복으로 사업이 잘되어 지금은 큰 공장을 운영하게 되었다고 말했다.

나는 항상 박 집사님께 미안한 마음이 있었는데 그 말을 들으니 그동안 미안했던 마음이 다 씻어지는 것 같았다. 이렇게 박 집사님은 주님께 순종함으로 큰 복을 받았고, 나도 박 집사님을 통하여 용문산으로 갈 수 있는 준비를 하였다.

14.
비 오듯 흐르는 눈물과
성경학교 입학

집사님이 준 3,000원과 또 오빠가 주신 2,000원을 가지고 그동안 같이 살던 조카들과 오빠를 떠나 주님의 부르심을 좇아 집을 떠났다. 내 마음은 섭섭함과 기대감과 새로운 일에 대한 불안감 등이 어우러져 있었다. 대구에 내려와 처음 성령 충만 받았을 때 예수님께서 나에게 "너희 오빠는 너를 공부 안 시켜도 내가 너를 공부 시켜주마." 하고 약속한 말씀도 있었지만, 왠지 눈에서는 비 오듯 눈물이 흘렀다.

내가 집을 떠날 때 오빠는 결혼할 시기에 결혼도 하지 않고 산으로 간다고 혈육의 정을 끊자고 하셨다. 이 말은 내가 밉고 싫어서 한 것이 아니라 부모 마음으로 말한 것이었다. 오빠는 내 부모와 같았다. 이런 오빠의 말로 인해 섭섭해서 우는 것도 아니었고, 오빠와 조카들과 같이 살 수 없다는 것 때문에 우는 것도 아니었건만, 이유도 알 수 없는 눈물이 계속 흘러내렸다. 아무리 참으려고 해도 눈물이 쏟아져 내렸다. 지금 생각하면 세상 줄 끊는 눈물이 아니었나 라는 생각을 하게 된다.

너는 복음을 전하다 오너라

김천 가는 기차를 탔는데도 눈물은 멈출 줄 몰랐다. 주위 사람들을 의식해서 울지 않으려고 하는데도 계속 흐르는 눈물을 주체하지 못하고 있는데, 앞에 앉아 있던 여자분이 보다못해 말을 건네었다. "어디에 가는데 그렇게 슬피 우세요" 하며 물었다. 나는 용문산 기도원 집회에 은혜받으러 가는 길이라고 했다. 그랬더니 "나도 용문산 집회 참석하러 가는 전도사인데 용문산 기도원에 은혜받으러 은혜동산 가면서 왜 우세요? 기뻐해야지!"라고 했다. 그분의 말을 들으니 정신이 들면서 눈물이 멈춰졌다. 기차에 내려서 그분과 같이 용문산으로 갔다.

집회 후 학생들을 모집한다는 말을 듣고 사무실에 가서 입학원서를 받아 작성해서 제출했다. 필기시험을 치고 또 면접도 보았다. 면접은 나운몽 장로님이 직접 하셨는데, 작은 방에 몇 사람씩 같이 들어가서 한 사람씩 질문을 받았다.

그런데 장로님이 하시는 말이 신과 같았다. 어떻게 다른 사람의 비밀을 다 아는지 신기했다. 내 옆에서 같이 면접시험을 보는 분에게 "결혼했네요?"라고 질문하니 "예" 하고 대답한다. 나에게는 이북에서 있었던 일들을 말하기도 하였다. 기도를 많이 하면 이렇게 신령해지는지 궁금했다. 나는 고등성경학교에 합격해서 숙소를 배치받고 공부를 하기 시작하였다.

Chapter 4.

배움과 훈련

"너는 도시에서 네 마음대로 살다가
지옥 가는 것보다 이 산에서 고생해도
천국 가는 것이 더 낫지 않느냐?"

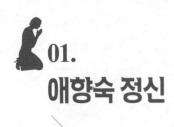

01.
애향숙 정신

내가 신학 공부를 하기 위해 갔던 용문산 기도원의 법인명은 "애향숙"으로 그 뜻은 "그들이 나온 바 본향을 생각하였더라면 돌아갈 기회가 있었으려니와 그들이 이제는 더 나은 본향을 사모하니 곧 하늘에 있는 것이라 이러므로 하나님이 그들의 하나님이라 일컬음 받으심을 부끄러워하지 아니하시고 그들을 위하여 한 성을 예비하셨느니라(히11:15-16)라는 말씀에 근거한 우리가 돌아갈 본향 사랑을 말한다.

우리가 육신의 몸을 입고 이 땅에서 살고 있지만 우리는 날마다 영원한 본향인 하늘나라를 사모하며 살아야 한다. 또 아직도 본향을 모르는 영혼들을 그곳으로 인도하기 위해 우리가 배우며 고생하며 복음을 전하는 것이다.

용문산 기도원 원장님이셨던 나운몽 장로님은 학생들에게 이 본향에 대한 교육을 철저히 시키셨고, 우리 학생들은 나운몽 장로님을 애향숙의 장이라는 뜻으로 숙장님으로 불렀다.

고등성경학교에서 내가 배우던 교과서는 신구약 성경이었다.

학생들의 하루 일과는 낮에는 공부했고, 매일 아침저녁으로는 예배를 드렸고, 저녁 예배 이후에는 밤 산기도를 했으며, 때로는 기도원 내 작업도 해야 했음으로 매우 빠듯했지만, 나는 은혜의 동산에서 거하면서 성경을 배우고 주님과 교제하며 사는 삶이 매우 보람되고 즐거웠다.

02.
배우며 일하며

       학생들은 여름이면 새벽기도 후 작업하였고, 또 때로는 낮에도 특별작업을 하였다. 성전 건축을 위한 돌도 나르고, 또 산에 찍어놓은 나무도 한 줄로 서서 릴레이식으로 운반할 때도 있었다. 한 번은 찬송을 부르면서 나무를 운반하는데 내 마음이 얼마나 기쁜지 말로 형용할 수가 없었다.

    산 중에서 먹으면 얼마나 잘 먹겠는가? 배가 출출해도 성령의 은혜로 기쁨이 넘치는 것이었다.

    그날도 작업 후 아침 식사를 끝내고 있는데 앞방에 있는 학생이 나를 부르더니 자기 방으로 오라고 했다. 그 방으로 들어갔더니 그 학생이 누워 있으면서 배가 너무 아파 견딜 수 없다고 하면서, 작업할 때 언니가 일하면서 찬송을 열심히 부르는 것을 보고 "그것은 누구에게 잘 보이기 위한 거"라고 말했다는 것이다. 지금 자기 배가 아픈 것은 그것 때문이라면서 내게 용서를 구하고는 안수 기도해 달라고 했다.

    그 말을 듣고 나는 믿음으로 간절히 기도해 주고 내 방으로 왔

너는 복음을 전하다 오너라

다. 한참 후에 어떠냐고 물었더니 다 나았다고 하였다. 그 학생이 잘못 생각했던 것이다. 찬송은 하나님 들으시라고 하는 것이지 사람 들으라고 하는 것이 아니다. **"웃음으로 네 입에, 즐거운 소리로 네 입술에 채우시리니"**(욥 8:21)하심같이 성령으로 웃음을 내 입에 주시고 성령으로 내 입술에 채워 주신 것이다. 그러기에 배가 고파도 즐겁고, 고생해도 주님이 함께하시니 즐거운 것이었다.

하루는 남녀 학생들의 숙소를 지었다. 지금같이 벽돌 사다 짓는 것이 아니고 흙벽돌을 찍어서 지었다. 우리 여학생들도 숙소를 짓기 위해 손수 흙벽돌을 찍어 내야 했고 이 과정이 힘은 들어도 재미가 있었다.

흙벽돌은 하루에 다 마르는 것도 아니고 여러 날 말려야 하기에 비가 오면 자다가도 일어나 벽돌에 비를 맞지 않게 덮었고, 비가 안 오면 덮었던 것을 벗겨서 말렸다. 벽돌이 다 마르고 난 후, 돌로 기초를 놓고 벽돌로 하나하나 쌓아 올리기 시작했다. 남자들만 집을 짓는 줄 알았는데 여학생들도 지을 수가 있었다. 지붕은 목수가 하였고, 벽은 미장이가 발랐고, 그 나머지는 거의 다 우리 여자들의 손으로 하였다. 여자들이 집을 짓는다는 것은 상상할 수 없었는데, 숙소가 완공됐을 때의 기쁨은 말로 표현할 수 없었다.

그때 지은 숙소가 지금의 바울 숙소이며 나는 그 건물을 볼 때마다 흐뭇함을 느낀다. 이렇게 용문산 기도원에서 받은 훈련으로 기도원 개척할 때도 건축하는 일을 할 수 있었다.

03.
생활비가 다 떨어짐

고등성경학교에 다닌 지 15일이 지나자 가지고 갔던 5,000원을 다 써버리고 말았다. 고학하는 학생도 있었지만 나는 고학하고 싶지 않았다. 나는 공부하는 길이 열려 있으니 집으로 다시 가서 돈을 벌어서 와야겠다는 생각이 들었다. 숙장님께 말씀을 드리려고 새벽기도를 마치고 길에서 기다리고 있다가 지나가시는 숙장님께 내 사정을 말씀드렸더니, 숙장님은 가지 말고 기다리라고 하셨고, 아침 식사 후 사무장을 통하여 쌀과 돈을 전달해 주셨다.

이렇게 해서 얼마간 사무실에서 주는 것으로 생활하며 공부를 하였는데 매일 먹는 식사는 국수와 고구마와 쌀로 혼합한 죽이었다. 나의 형편을 아는 주위 학생들은 자기들은 고학하는데 나는 돈도 없는 사람이 고학도 안 한다고 핀잔을 주었다.

그리고 마침 기도원집회가 시작되면서 은혜받으려고 많은 성도가 오면서 식당에 일손이 필요하게 되었고 나에게도 심부름하는 일을 부탁했다. 참 좋은 기회인 것 같아 좋게 생각하고 식당에서

너는 복음을 전하다 오너라

일을 시작하였는데, 심부름하다 보니 집회참석을 제대로 할 수가 없었다. 아침 식사를 하고 나면 또 점심 식사 준비를 해야 하고, 점심을 먹으면 또 저녁 식사 준비를 해야 하니, 집회에 참석하여 은혜를 받을 형편이 못되었다. 그렇다고 당장 그만두면 사람이 신용을 잃게 되므로 어려워도 끝나는 날까지 하기로 하며 열심히 봉사했다.

하루는 오후 집회에 참석하기 위해 준비 기도하는데 "예수님께서 식당에서 일하고 있을 시간이 없다. 부지런히 말씀을 배워 빨리 전해야지."라고 하셨다. 나는 그 즉시 "예, 알겠습니다." 하고 그날부터 식당 일을 그만두고 집회만 참석하여 열심히 듣고 배웠다.

그러나 나의 생활은 여전히 막막했다. 6.25 전쟁 이후라 오빠도 나를 도와줄 형편이 못되었고 조카들이 있어도 자기들 살기도 어려워 고모를 도와준다는 것은 상상할 수 없는 일이었으며 사무실에서도 돕는 것이 중단되었다.

04.
굶주림과 헐벗음

사람은 쌀만 있으면 먹고 사는 것이 아니었다. 반찬도 있어야 하는데 나에게는 쌀도 없었지만, 된장, 고추장, 김치 어느 것 하나라도 제대로 갖추어진 것이 없었고 항상 죽만 먹었으니 반찬은 소금만 있으면 되었다.

같은 방을 쓰는 학생들의 도움을 많이 받고 생활하던 중 어느 학생이 하루는 집에 가면서 "언니 고추장 떠다 잡수세요."라고 말했다. 나는 그렇게 하겠다고 대답하고 조금 가져다 먹었다. 교회를 다녀오면서 작은 도랑을 건너는 순간 "바늘 도둑이 소도둑 된다."라고 성령님이 말씀하셨다. 그 학생이 나에게 고추장을 먹으라고는 했지만, 주님께서는 주인이 없을 때 남의 것을 먹는 것에 대해서 바르게 여기시지 않는 것 같았다.

그 학생이 있을 때 먹었더라면 주께서 그런 말씀을 하시지 않았을 것이다. 주님께서는 나에게 남의 것을 작은 것이라도 소홀히 생각하는 나쁜 습관을 미리 막으신 것이다.

처음부터 바르게 키우시려는 주님의 뜻임을 깨닫고 그 후부터

너는 복음을 전하다 오너라

는 남의 물건에 대하여 솔잎 한 움큼도 가져다 불쏘시개로 사용하지 않았다. 만약 그때 주님이 나를 교훈하시지 않았다면 남의 것도 내 것같이 함부로 하는 나쁜 습관이 크게 자랄 수도 있었을지 모를 일이었다. 지금도 그 말은 내 귀에 생생하게 들리는 것 같을 때가 있다.

또 한 번은 나들이 치마를 입고 부활주일 전야에 학생들과 함께 높은 산으로 철야기도를 하러 갔다. 부활절 새벽 예배를 정성껏 드리려고 하나밖에 없는 나들이옷을 입고 길도 없는 곳을 손전등도 없이 내려오다가 치마가 가시에 걸려 11곳이나 찢어졌다. 덕분에 이제는 나들이할 옷도 없게 되었다. 이때는 의식주 문제가 말로 다 표현하기 어려운 시기였다.

이것도 주께서 나를 연단시켜 오직 주님만을 바라보게 하시고 주님이 쓰시기에 합당한 그릇으로 만드는 방법이었던 것이다. 뒤돌아보면, 그 일들이 주안에서 아름다운 추억이며, 그때가 지금보다 주님과 더 가까이에 있었던 것 같다.

그가 아들이시면서도 받으신 고난으로 순종함을 배워서 온전하게 되셨은 즉 자기에게 순종하는 모든 자에게 영원한 구원의 근원이 되시고(히 5:8-9)

05.
진리 가운데로
인도하시는 성령님

　　고등성경학교에 입학하여 공부하고 집회 때는 은혜 받는 것이 얼마나 좋은지 말로 다 할 수 없다.

　　한 번은 서울 삼각산 기도원에 계시는 어느 권사님이 오후 집회를 인도하셨다. 이 분이 강단에서 손수건을 흔들면 사람들이 뒤로 넘어졌고, 또 많은 기적이 일어났다. 그래서 집회 장소는 온통 흥분의 도가니였다. 성도들은 기적이라면 정신을 잃어버리는 것 같았다. 집회를 다 마치고 권사님이 돌아갈 무렵에 권사님이 무료로 공부를 시켜 주시겠다며 학생 30명을 모집한다고 했다. 학생들은 너나 없이 이 분의 말에 혹하여 "산 중보다 서울이 얼마나 좋은가?"라고 하면서 서울 간다고 야단법석을 떨었다. 그러면서 나 보고도 가자고 하였다. 나는 성령이 가라고 하면 가지만 내 마음대로 못한다고 대답하였다.

　　그리고 나는 이 일을 기도하여 하나님 아버지께 물어보아야 한다고 생각하고 하나님께 "주님, 사람들이 권사님을 따라 공부하러 서울 가는데 나도 갈까요?" 하고 기도하여 물었다. 그러자 성령께서 "너는 가지 말아라."라고 하셨다. 주님이 가지 말라고 하셨기 때문에 나는 서울 가는 것을 포기했다. 그때 그 권사님을 따라 서울로 약 20명 정도의 학생이 갔다고 들었다. 그런데 그 뒤 그곳으로 간 사람들은 삼각산 물난리에 떠내려가 죽은 자들도 있었고, 공부도 못하고 다 뿔뿔이 헤어졌다는 소문을 들었다.

그 말을 들을 때 학생들이 불쌍했고, 나도 주님이 아니었다면 그 일을 당하여 엄청난 불행에 처했을 것이라는 생각이 들면서, 무지한 나를 항상 함께하시고 가르쳐주시고 진리 가운데로 인도해 주시는 주님의 은혜가 얼마나 감사한지 말로 다 표현할 수가 없었다.

그러나 진리의 성령이 오시면 그가 너희를 모든 진리 가운데로 인도하시리니 그가 스스로 말하지 않고 오직 들은 것을 말하며 장래 일을 너희에게 알리시리라(요 16:13)

06.
"너희 어머니는 살았다"

처음 주님께 십자가를 보여 달라고 했을 때, "주님께서 십자가 속에서 십자가 바라보라 네 모든 시험 물러가리라"라고 말씀하셨다. 또 예수님 한 번만 보여 달라고 했을 때 성경을 누워서 보지 말라고 했는데 그래도 성경을 누워서 보니 나타나셔서 이렇게 말 안 들으면 지옥에 던지리라고 말씀하셨다. 이것은 오래전에 십자가와 예수님을 보여 달라고 했을 때의 체험이었기에, 이번에는 나의 신앙을 다시 한번 점검하는 마음으로 하나님의 음성을 듣게 해달라고 기도를 시작했다.

이때까지 많은 기도 응답을 받았지만, 기도 응답을 즉시 하신 것은 아니었다. 어떤 것은 즉시, 어떤 것은 며칠 후, 어떤 것은 수개월 후, 어떤 것은 여러 해 후에 응답할 때도 있었다. 이렇게 주님의 음성을 듣게 해달라고 기도한 지 일 년 정도 되었을까? 고등성경학교를 다니다가 하루는 조카들이 보고 싶어 대구 집에 갔었다.

조카들은 고모가 돈을 벌든지 결혼을 하든지 했으면 좋아했을 것인데, 결혼도 하지 않고 산으로 갔다고 하여 오랜만에 만난 나를

너는 복음을 전하다 오너라

반가워하지도 않았고, 다 밖으로 나가버렸다. 물론 볼일이 있었겠지만, 조카들이 고모인 나를 마음에 좋아하지 않는 것이 느껴졌다. 조카들은 내게 직접적인 말을 하지 않았지만, 육신적으로 생각할 때, 집안도 돌보지 아니하고 자기만 살겠다고 집 나간 고모를 야속하게 생각했을 것이다.

나를 반갑게 맞아주지 않는 오빠와 조카들을 바라보니, 내 마음 한편으로는 이해가 되면서도, 한편으로는 얼마나 섭섭한지 좌절이 되었다. 이때 나는 누워 있으면서 "**내 영혼아 네가 어찌하여 낙심하며 어찌하여 내 속에서 불안해 하는가 너는 하나님께 소망을 두라**"는 시편 42편 5절 말씀을 묵상하며 되새기고 있는데, "너희 어머니는 살았다." 하는 커다란 남자의 음성이 들렸다. 이 음성을 들었을 때 정신이 벙벙했다가 한참 후에야 정신이 들었다. 이북에 있는 어머니와 오빠와 동생들이 어떻게 지내는지 항상 궁금했었는데, 이 소식을 들려주시니 정말 기뻤다.

내가 참으로 좌절하고 있을 때 주님은 이렇게 큰 은혜로 내 마음을 위로해 주셨다. 나는 항상 어머니와 함께 있었으면 얼마나 좋을까? 하며 남들이 어머니라고 부르면 참 부러웠다. 그러던 나에게 어머니가 살아계신다니 육신적으로 생각할 때도 참으로 기뻤고, 영적으로도 하나님이 나와 함께 계셔서 위로해 주시니 참으로 기뻤다. 나는 이때부터 나도 어머니가 살아계시고 통일되면 어머님을 만날 수 있다는 소망이 넘쳤고, 주님으로부터 무엇과도 바꿀 수 없는 값진 선물을 받았다.

영원무궁하신 하나님, 모르는 것이 없으신 하나님께서 내가 좌절하고 낙심할 때 "너희 어머니 살았다."라고 직접 알려 주시면서 오빠나, 조카들이 줄 수 없는 귀한 위로를 나에게 주셨다.

찬송하리로다 그는 우리 주 예수 그리스도의 하나님이시요 자비의 아버지시요 모든 위로의 하나님이시며(고후 1:3)

너 는 복음을 전하다 오너라

07.
감찰하시는 하나님

　　고등성경학교 다닐 때 여학생 넷이 나무하러 산으로 올라갔다. 험한 산에서 나무를 하다 보니 얼굴도 손도 찢겼다. 여자들은 손이나 얼굴에 흉이 생기지 않도록 소중하게 생각하였고 나 또한 용문산에 오기 전까지는 작은 뾰루지가 얼굴에 생겨도 병원에 가서 주사를 맞을 정도로 관심이 많았다.

　　그런데 산에서 나무를 하다 보니 손과 발, 종아리, 얼굴 등에 상처가 많이 생기게 되었다. 대구에서 고등성경학교 잘 다니도록 해주시지 왜 주님은 용문산으로 데려다가 고생을 시키는지 그날따라 속에서 화가 치밀어 올랐다. 나무를 하다말고 서서 큰 소리로 "아버지 왜 이 고생을 시키십니까?" 하며 씩씩거렸다. 이때 성령께서 **"너는 도시에서 네 마음대로 살다가 지옥 가는 것보다 이 산에서 고생해도 천국 가는 것이 더 낫지 않느냐?"**라고 하셨다. 우리의 모든 것을 감찰하시는 하나님은 나의 말과 행동을 다 보고 듣고 계셨다.

　　성령님의 말씀을 듣고 나니 마음에 위로와 기쁨이 가득 차올랐다. 마음을 바꾸어 **"천성에 가는 길 험하여도 생명 길 되나니 은혜로다."**

힘차게 찬송을 부르며 나무를 했다. 힘도 안 들고 얼마나 나무가 잘 모이는지 한 단이 금방 만들어졌다.

다른 학생들보다 먼저 나무를 해서 머리에 이고 지고 내려오는데, 학비와 식비 걱정이 또 내 마음에 몰려왔다. 그래서 마음으로 이제는 더는 산에 있을 수 없는 형편이니 내일 집에서 돈을 안 보내주면 내려가야겠다고 다짐했다. 한 번도 집에서 학비를 보내온 적이 없었지만 막연한 상상을 하며 산길을 내려오다가 그만 뒤로 벌렁 넘어지고 말았다. 처녀가 벌렁 넘어졌으니 창피한 마음에 얼른 일어나려고 했지만, 발이 부러졌는지 땅을 짚을 수가 없었다.

나는 다리를 펴고 앉아 다리를 붙들고 "나무다리 고무다리" 하며 엉엉 울었다. 의술이 발달하지 못할 때이어서 잘못하면 나무다리나 고무다리를 해야 하기 때문이었다. 여자가 나무다리를 하고 다니게 되면 얼마나 창피할까 하는 생각을 하니 하늘이 무너지는 것 같았다.

그때 민병구 학생(지금은 소학산 기도원 원장)이 내려오더니 왜 울고 있느냐고 물었다. 나는 발이 부러진 것 같다고 했다. 날은 어둑어둑해져 가는데 민병구 학생의 도움으로 등에 업혀 간신히 산길을 내려오게 되었다. 지금 같으면 병원에 가서 사진이라도 찍어 보고 침이라도 맞았겠지만 그럴 형편이 되지 못했다. 오직 믿음뿐 모든 문제의 해결자는 오직 예수님뿐이었다. 시간이 갈수록 발은 붓고 통증이 심해 발을 디딜 수가 없었는데 주일이 되었다.

예배시간이 되어 학생들은 다 교회에 가고 숙소에 혼자 남게 되

너는 복음을 전하다 오너라

었다. 믿는 자에게는 주일이 가장 기쁜 날이 아닌가? 영광과 존귀를 하나님께 드리고 하나님께서 주시는 하늘의 복을 받는 날이 아닌가? 주일 예배를 참석할 수 없으니 견딜 수 없이 서글펐고 그래서 이런 마음을 주님께 그대로 아뢰었다.

"하나님 아버지! 예수 잘 믿으려고 이 산중에 와서 사는데 교회를 못 가고 있어요. 하나님 아버지 예배드리러 갈수 있도록 나를 고쳐 주세요!" 하고 간절히 기도하고 마치려는데 주님께서 **"나사렛 예수의 이름으로 일어나 걸으라."** 라고 하셨다. 나는 그 말씀을 듣고 그 순간 믿음으로 일어났다. 언제 내가 아팠으며 부었는지 하나도 아프지도 않고 부었던 다리가 어찌 그리 감쪽같이 나았는지 흔적도 없었다.

얼마나 감사하고 좋은지 단걸음에 뛰어 교회로 가서 감사한 마음으로 예배를 드리고 숙소로 돌아왔다. 이러한 나의 모습을 보고 학생들이 깜짝 놀라며 어떻게 나았느냐 하며 신기해하였다. 나는 예수님께서 고쳐주셨다고 말해주었고, 그 후로는 집에 내려간다는 말을 하지 않았다. 이처럼 하나님은 오늘도 살아계셔서 우리의 기도를 들으시고 우리에게 능력을 베푸시는 분이시다

08.
홍해의 길이 열림

　　하루는 용문산에서 집회가 있어 많은 성도님이 은혜받으려고 오셨다. 입산자들의 숙소는 학생들의 기숙사였고 우리 방에도 위장병에 걸리신 권사님(김금례) 한 분이 오셨다.

　　나운몽 장로님의 집회는 주로 성령 받으라고 말씀하셨고 특별히 병 고치라, 방언하라 하지 않아도 성도들은 성령을 받았고 방언도 하고 병도 고침을 받았다. 권사님도 집회에 참석하여 위장병 고침을 받았다. 권사님은 기뻐서 주님께 감사하면서 나에게 가족관계를 물었다. 나는 출생지는 평안북도 창성군 창주면이며 수풍땜이 생겨 그곳을 떠나 평안북도 구성군 방현면으로 이사해 살았었고, 공산 정권이 이북에 들어오면서 월남한 것과 이북에는 어머니와 언니, 오빠와 두 남동생이 있고 남한에서 큰 오빠와 조카 넷하고 살다가 하나님의 소명 받아, 사명을 위해 공부하러 용문산에 왔다고 대답했다.

　　그분은 내 말을 다 듣고 나서는 부모가 없는 것을 알고 나에게 딸을 삼았으면 좋겠다고 하였다. 그러면서 성이 무엇이냐고 물었다. 경주김씨라고 했더니 자기도 경주김씨라며, 같은 경주김씨라 딸은 안 되겠다고 하며 자매의 인연을 맺자고 해서 나도 그분의 의

　　　　　　　　　　너는 복음을 전하다 오너라

견에 동의하여 그분을 언니로 삼았다.

용문산 깊은 골짜기에서 번화한 서울에 사는 권사님과 자매 관계가 된 것이었다. 권사님의 남편은 그 당시 수산회사를 운영하고 계셨고 나중에는 국회의원이 되었다. 권사님은 신앙도 좋으시고 사랑과 겸손을 겸비한 천사 같은 분이었는데 한 주간을 같이 계시다가 집으로 돌아가셨다. 외롭고 쓸쓸한 나를 위로해 주시려고 좋은 만남을 주신 주님의 섭리를 생각할 때 그 은혜가 정말 감사하였다.

오랜 후에 언니가 집회에 다시 한번 참석하게 되었다. 그때는 내가 신학생이 되어 방을 손님 숙소로 내어주지 않아도 되었지만, 언니가 내 방에서 지내기를 원해 함께 있게 되었다. 언니와 한 방을 사용하기는 했지만, 은혜받기 위해 오신 분에게 부담을 주고 싶지 않아 잘 만나지는 않았다. 내게 양식이라고는 보리쌀이 조금 있었는데 보리밥을 먹으면 배가 아파서 굶는 길밖에 없었다.

집회 때 언니가 눈치채지 못하게 하려면 식사시간에는 산으로 가서 기도하고 내려오곤 하였다. 집회 마지막 날은 전체적으로 철야기도를 하는 날이었는데 나는 힘이 없어 기도하다 말고 숙소로 돌아왔다. 은혜받는 데는 둘째가라면 서러울 정도였고 세상 물질은 없어도 '은혜는 받아야 산다'는 내가 철야기도도 못하고 누워 있구나' 하고 생각하니 한없이 마음이 쓸쓸해졌다.

이때 창문을 통하여 달빛이 환하게 비쳤다. 그 빛을 보며 은혜 못 받는 내 처지를 생각하니 눈물이 흘렀다. 남들은 은혜받고 기뻐 뛰며 기도할 텐데 나는 영양실조로 기운이 없어 은혜도 못 받는

구나 하고 울고 있는데 언니가 갑자기 들어오셨다. 왜 철야기도를 안 하느냐고 묻기에 기운이 없어서 그렇다고 하였다. 언니는 그렇지 않아도 나를 만나려고 했다면서 한 번도 사용하지 않은 새 돈을 오천 원이라며 내 손에 쥐여주셨다. 그러면서 서울에 오면 집에 꼭 들르라고 말씀하시고 언니는 집회 장소로 다시 나가셨다. 그때 오천 원이면 두 달은 살 수 있는 큰돈이었다.

그 후 나는 주님과 권사님께 감사하며 열심히 죽과 밥을 지어 먹으면서 공부에만 열중하게 되었다. 서울에 오라고 한 약속을 지키기 위해 가야 하는데 입고 갈 치마가 없어서 다른 방 학생에게 치마 좀 빌려 달라고 하니까 핀잔을 주었다. 나는 할 수 없이 부활절 예배를 정성껏 드리려고 준비기도 하러 산에 갔다가 내려오면서 가시에 걸려 넘어지고 구르면서 여러 곳이 찢어진 치마를 꿰매어 입고 갈 수밖에 없었다.

옷을 깁기 위해 옆방 언니에게 가위를 빌리러 갔다. 그 언니가 방으로 들어오라고 하더니 무얼 하려 하느냐, 어디에 사용하려느냐고 꼬치꼬치 캐물었다. 나는 치마 단을 잘라내려 한다는 말을 하다가 그만 설움에 복받쳐 주님께 마음속으로 말했다 "예수 믿다가 거지 됐어요." 그리고는 엉엉 소리 내어 울고 말았다. 남이 듣지 않게 손으로 입을 막고 울고 있는데 갑자기 예수님께서 내 앞에 오시더니 "너는 돌짝밭길도, 가시밭길도, 어디든지 나를 따라오겠다고 하더니 굶주리고 헐벗으니까 우는구나."라고 하셨다. 나는 즉시 울음을 멈추고 "주님 잘못했어요. 다시는 안 울겠습니다."라고 말씀드리고

너는 복음을 전하다 오너라

가위를 빌려다가 치마를 고쳐 입고, 거지같이 초라한 모습으로 서울 언니에게 갔다.

언니는 반갑게 나를 맞이해 주셨고 식사도 고기반찬으로 맛있게 해주시고, 다음날에는 그 시대에 가장 유행하는 옷인 감색 나일론 치마에 흰색 저고리로 한 벌을 맞추어 주셨다. 어찌나 미안하고 감사한지 정말 친언니 같기도 하고 어머니 같기도 한 따뜻한 사랑을 받았다. 언니 집에서 15일 동안 편안하게 잘 지내다가 기도원으로 돌아왔다. 내가 돌아올 때 언니는 각종 반찬과 미숫가루와 돈을 잘 챙겨 주시며 앞으로는 나무하지 말고 땔감을 사라고 하셨다.

나는 그때부터 학비와 식비 걱정 없이 열심히 공부하고 방학 때는 언니 집에 잠시 가기도 하였다. 그 후로부터 졸업할 때까지 언니가 생활비와 학비를 조달해 주셔서 주님의 은혜로 신학교 졸업을 잘 마치게 되었다. 졸업할 때는 온양 감리교회 성도 수십 명을 모시고 와서 잔치도 해 주셨고, 선물로 제일 좋은 오메가 손목시계와 졸업식에 가운 안에 입을 흰옷도 한 벌 해주셨다. 나는 언니에게 받은 사랑에 참으로 감사했다. 헐벗고 굶주리고 불우한 나를 불쌍히 생각해서 김금례 권사님과 언니의 연을 맺게 해주셨고 그 언니를 통하여 아낌없는 은혜를 나에게 베풀도록 해주신 주님께 감사하며 하나님께 모든 영광을 돌렸다.

이처럼 내가 재정 때문에 더는 학업을 계속할 수 없어 모든 것을 포기해야 할 때 인자하시고 긍휼함이 풍성하신 하나님께서 도움의 손길을 주셨다.

09.
비 오기를 위한 금식기도

　　신학생 때의 일이다. 모를 심어야 하는 시기에 전 국에 비가 오지 않아 논밭이 다 타들어 가고 논이 갈라져 농민들 이 모내기를 못하고 있었다. 모심는 때를 놓치면 어찌하나 걱정들 이 심했다. 나는 생각하기를 내 나라와 내 민족이 아닌가? 그리고 공부하는 목적이 무엇인가? 우리 민족을 구원하기 위함이 아닌가? 공부도 중요하지만, 지금은 모를 심는 것이 더 중요하지 않는가? 하는 생각이 들자 잠잠하고 있을 수가 없었다. 그래서 이옥란(현 감 림산 기도원 원장) 학생에게 비가 내리도록 3일 특별금식기도를 하자 고 했더니 그 학생도 그렇게 하자며 호응을 했다.

　우리 둘은 다른 사람들이 눈치채지 못하도록 아무도 모르게 미 리 탐색해 두었던 곳으로 갔다. 그곳에는 큰 바위가 가로누워 있었 는데, 그 바위 아래는 비를 피할 수 있을 정도로 두세 사람이 누울 수 있는 공간이 있었다. 우리는 물도 준비하지 않았기에, 따가운 햇볕이 내리쬐어 금식하기가 무척 어려웠으나 비를 내려 달라고 하나님께 간절히 기도하였다. 이틀은 겨우겨우 지나갔는데 삼 일 째는 너무 힘들어 도저히 참을 수가 없었다.

　그런데 그때 지금 미국서 기도원 하고 있는 어느 학생이 어떻게

너는 복음을 전하다 오너라

찾았는지 그곳에 왔다. 우리를 찾아서 온 산천을 다 헤맸다며, 지금 기도원에서는 우리가 없어져 난리가 났다고 하면서, 축 늘어져 있는 우리에게 지금 내려가자고 졸랐다. 우리는 너무 힘도 들었고 또 우리를 걱정하는 사람들을 생각하여 금식기도를 다 끝내지 못하고 그 학생과 함께 내려갔다. 내려와서도 계속 금식을 해야 하는데 하지 못하고 그만 식사를 하였다.

그다음 날 아침, 냇가에서 세면을 하고 숙소로 돌아오는데 누군가가 하늘을 보면서 "하늘은 캄캄하고 비가 쏟아질 듯하면서 비는 내리지 아니하네! 누가 기도하다 말았구나!"라고 하는 것이었다. 그때야 나는 우리가 기도한 것이 성령이 시킨 것이었다는 생각이 들면서 금식기도를 끝내지 못한 것에 대한 가책이 왔다.

나는 숙소로 돌아 오다말고 발길을 돌려서 산으로 올라갔다. 그리고 하나님께 기도했다. "하나님 아버지! 용서하옵소서! 기도하다 말고 남이 가자고 한다고 내려왔습니다. 잘못했습니다. 용서하세요! 아버지 하나님 비를 주세요!"라며 간절히 회개하며 기도드리고 산에서 내려왔다. 그날 오후부터 비가 폭우로 쏟아지기 시작했는데 다음 날까지 퍼부었다. 라디오에 귀를 기울여 뉴스를 들었는데, 전국의 논밭이 다 해갈이 되어 농민들이 모를 심을 수 있게 되었다고 했다. 참으로 기뻤다. 하나님은 보잘것없는 나약한 자들이지만 이런 우리의 희생적 기도를 원하셨다. 물론 우리만 기도한 것이 아니라 전국에서 수많은 성도가 다 기도했을 것이다. 어쨌든 우리 민족을 사랑하시는 하나님이 우리들의 간절한 기도를 들으시고 비를 내려 주신 것이다.

10.
기차에서의 전도

신학교 때 여름방학 동안은 특별복음 전도 기간이 있으므로 무전으로 전국을 조를 이루어 다니면서 복음을 전했다. 보통 먼저 김천서 출발하는 기차에서부터 복음을 전하기 시작했다.

한번은 기차 내에서 복음을 전하려고 의자 위에 올라서서 한 손은 선반을 붙잡고 사람들의 시선을 끌기 위하여 찬송을 불렀다. "하나님이 세상을 사랑하사 독생자를 주셨으니 누구든지 저를 믿으면 멸망하지 않고 영생을 얻으리로다." 그리고 복음을 전했다 "순천자는 흥하고 역천자는 망한다. 하늘을 순종해야 한다. 하나님이 세상을 이처럼 사랑하사 독생자를 보내어 주셨으니 누구든지 저를 믿으면 멸망하지 아니한다. 예수 믿어야 여러분이 죽어도 영혼이 천국에서 영원히 살 수 있다." 무슨 말을 할까 염려하지 말라 하신 주님의 말씀처럼 성령께서 말하도록 인도해 주셨다.

얼마나 열심히 전했는지 나의 잇몸이 터져 피가 튀어나가 어느 남자분의 와이셔츠에 핏방울 얼룩이 졌다. 나는 속으로 그분이 나에게 '내 옷이 이게 뭐야, 이런 여자가 다 있어.' 하고 따귀라도 한 대

너는 복음을 전하다 오너라

때리면 어찌하나 하고 걱정을 하면서 미안하다고 사과를 했다. 그런데 그분은 괜찮다고 하셨고 모두가 끝까지 조용히 잘 들어주었다.

그 뒤에 대전에 있는 어느 교회에 초청을 받아 집회하러 갔는데, 담임 목사님이 그때 기차에서 내가 전도하는 것을 보고 나를 강사로 초청했다고 하셨다. 우리 용문산 기도원의 학생들이 신학을 공부하는 가장 큰 목적은 죽어가는 영혼들에 복음을 전하기 위한 것이었다. 숙장님은 이것을 가장 중요하게 여기셨고, 또 자신이 친히 본을 보여 주시면서 우리 또한 복음을 전하게 하셨다. 하나님께서 숙장님을 큰 능력의 종으로 한 시대에 크게 사용하신 것도 바로 영혼을 사랑하는 이 마음 때문이 아니었나 생각된다.

오직 성령이 너희에게 임하시면 너희가 권능을 받고 예루살렘과 온 유대와 사마리아와 땅끝까지 이르러 내 증인이 되리라 하시니라(행 1:8)

11.
무전 전도와 노숙

한번은 충청도 지방으로 전도를 나가는 전도대의
일원이 되었다. 우리 충청도 전도 대원들은 충청도 지방 가까이에
서 기차를 타기로 하고, 영동까지 기차를 타고 갔다. 영동에서 기차
를 내린 우리 대원들은 심천까지 걸었는데, 발에 물집이 생기고 다
리도 무척 아팠다. 우리는 지치고 배도 고팠지만, 쉬어 갈 숙소도
약속되어 있지 않았고, 먹을 것도 없었다. 이 모든 문제를 오직 주님
만을 의지하고 가는 것이었다.

조장들이 하룻밤 쉬어 갈 곳을 구하러 갔으나 구하지 못하고 그
냥 돌아왔다. 가는 교회마다 거절하더라는 것이었다. 그래서 전도
대원들은 노숙하기로 하고 노숙할 곳을 찾아다니다가, 논두렁의
넓은 공터를 발견하고 그곳에서 오늘 밤을 지내고 내일은 조별로
둘씩 짝지어 전도하러 가자고 했다. 여름이지만 깔 것도 덮을 것도
없으니 추웠고, 새벽에 일어나보니 이슬에 옷이 축축하게 젖어 있
었고, 또 어제 저녁을 걸렀으니 배도 고팠다.

조장들이 어디론가 갔다가 한참 있다 돌아왔는데, 어느 구세군

너는 복음을 전하다 오너라

부교님이 우리에게 아침 식사를 해주신다고 했다며 가자고 했다. 우리는 어떻게 부교님을 만났냐고 물었더니, 그들이 시내로 들어가기 전 길 옆에 오이밭이 있어 대원들에게 오이라도 사서 먹이려고 오이밭 주인에게 오이를 팔라고 하니, 주인이 어디서 왔냐고 묻길래 용문산에서 공부하는 신학생들인데 전도하러 왔다고 하니까, 반가워하시면서 자기는 구세군의 부교라고 소개하며 자신도 용문산을 잘 알고 있다며 집에 와서 아침 식사를 하라고 하였다는 것이다.

우리는 조장들을 따라 부교님의 집으로 가서 축복기도를 하고 아침을 먹었는데, 식사를 푸짐하게 잘 차려 주셔서 참 맛있게 잘 먹었다. 특히 닭볶음 요리를 해 주셨는데 얼마나 맛이 있었던지 지금도 그 맛이 생각난다.

이렇게 식사를 하고 나니 전도할 힘이 생겼고 우리 전도 대원들은 둘씩 짝지어 자기가 맡은 곳으로 가서 복음을 전했다. 지나가는 사람마다, 가가호호마다 전도했다.

'너희는 온 천하에 다니면서 복음을 전하라'는 예수님의 명령대로 우리는 들든지 안 들든지 누구에게나 복음을 전했다. 가진 것도 없고 갈 곳도 예정되어 있지 않았지만, 오직 주님만을 의지하고 주의 복음을 전했다.

12.
교회는 배척했지만,
불신자들이 영접해 줌

　　우리가 전도하러 다닐 때, 낮에는 온종일 전도하
고 밤에는 쉬고 기도해야 하므로 밤에는 주로 가까운 교회로 숙소
를 정했다. 하루는 해가 지고 날이 어두워져서 가까운 교회에 가서
"우리는 용문산 신학생들로서 하기 전도를 나왔는데 날이 어두워
서 그러니 교회에서 하룻밤만 자고 가게 해주십시오."라고 정중하
게 부탁을 드렸다. 우리의 말을 들으신 목사님은 생각도 해보지도
않고, 또 약한 여자들을 동정도 할 생각도 없이 딱 잘라 안 된다고
하였다.

　　우리는 차가운 냉대를 받으며 그 교회 층층대를 걸어 내려와 나
오는데 오막살이 초가집이 옆에 보였다. 집안에는 올라가고 내려
가는 작은 마루 같은 것이 보였다. 그래서 우리는 저곳에서 밤을
지내고 날이 새면 전도하러 가자고 의논하고 집으로 들어가 주인
을 찾았다. 잠시 후 노부부가 나와서 우리를 보고 어디서 왔냐고
물었다. 우리는 "용문산에서 공부하는 신학생인데 전도하러 나왔
습니다. 날이 어두워 더 갈 수 없어 무례를 무릅쓰고 왔다며 이 마루

　　　　　　　　　　　　　　　너는 복음을 전하다 오너라

에서 하룻밤 자고 가게 해주세요."라고 부탁했다. 할아버지는 그렇게 하라고 쾌히 승낙을 해주시면서 사용하지 않던 작은 방을 보여주면서 그 방에서 주무시라고 하셨다.

방을 들여다보니 말이 방이지 사람이 잘만한 곳이 못 되었지만, 감사하다는 인사를 했다. 주인 할아버지는 우리에게 저녁 식사는 하셨는가 하고 물었다. 우리가 못했다고 대답하니 보리밥이라도 들라고 하시면서 보리밥과 김치를 차려 주셨다. 우리는 배고픈 터라 꿀맛 같이 잘 먹었다. 그리고 빈대가 있는 곳이지만 작은방으로 가서 너무 피곤해 빈대가 무는 것도 모르고 잘 잤다.

아침에 우리가 나오려고 하자 노부부는 우리에게 아침 식사를 하고 가라고 하시면서 할머니가 밥을 정성을 다해 차려 주셨다. 우리는 맛있게 잘 먹고 그분들에게 고맙다고 인사를 하면서 꼭 예수 믿고 천국 가라고 전도하고 그곳을 떠나 다른 곳으로 가서 전도했다. 교회에서는 배척을 받았으나 주께서 불신자를 통해서 우리에게 은혜를 베풀어 주신 것이다.

연약한 여자인 내가 이러한 어려움 속에서 복음을 전할 수 있었던 것은 용문산에서 받은 연단이 있었기 때문이었다. 그곳에서 어려운 환경을 이겨내는 훈련을 받았기 때문에 이러한 환경도 이겨낼 수 있게 되었다. 그리고 또 성령이 함께 해 주셨기 때문에 처녀의 몸으로 이 같은 고난도 두려워하지 않고 감사함으로 갈 수가 있었다. 주께서 순간순간마다 은혜를 입혀주시고 길을 인도해 주시기 때문에 앞일을 염려하지 않고 담대히 복음을 전할 수가 있었다.

13.
치즈 한 덩어리로 요기를 하면서도!

하루는 복음을 전하다가 믿는 가정을 만났는데 우리를 영접하시고 음식 대접도 해주시고 아주 친절하게 대해주셨다. 우리가 그곳에서 떠나려 하자 치즈 한 덩어리를 주시면서 숙장님께 전해 주라고 하셨다.

그곳에서 나와 이 동네 저 동네를 다니면서 전도하다 보니 점심시간이 되었다. 목도 마르고 무좀도 심해 발에서 피와 고름이 나고 허기가 들었다. 어디 가서 밥 달라고 할 곳도 없었고 그저 주님이 밥 주실 때까지 전도하면서 가는 길밖에 없었다.

그런데 조금 가다 보니 배가 너무 고파 갈 수가 없었다. 할 수 없이 우리는 숙장님께 전해 주라던 치즈를 조금 떼어먹자고 의논하고 떼어먹었다. 그리고 조금 가다 또 떼어먹고, 조금 가다 떼어먹고 그러다 보니 결국에는 몽땅 다 먹어버렸다. 주신 분에게도, 숙장님에게도 면목이 없지만, '제자들이 전도하다 허기져 먹었으니 하나님도 용서해 주시겠지.' 라는 생각을 했다. 지금도 그때 일을 생각하면 웃음이 나온다.

너는 복음을 전하다 오너라

성경에 주님의 제자들이 시장하여 이삭을 잘라 먹은 일을 가지고 바리새인들이 정죄했을 때 예수님께서 다윗이 진설병을 먹은 이야기를 해주시고 주님이 안식일의 주인이시며 제사를 원치 않으시고 자비를 원하신다고 하신 내용이 생각나면서 그때 제자들의 심정이 이해가 갔다.

나는 자비를 원하고 제사를 원하지 아니하노라 하신 뜻을 너희가 알았더라면 무죄한 자를 정죄하지 아니하였으리라(마 12:7)

14.
집회를 통한 전도

1958년 내가 신학교 2학년 때에 남자신학생들은 전도대를 조직해 방방곡곡에 다니며 노방전도도 하고 초청하는 교회에서 집회했다고 하였다.

그 말을 듣고 우리 여자신학생들도 전도대를 조직해 전국 방방곡곡에 가서 노방전도도 하고 집회도 하도록 해달라고 숙장님께 말씀을 드렸더니 쾌히 승낙하셨다.

그해 가을 우리는 여자전도대를 조직했다. 나를 포함한 최태희, 박연님, 이정자, 윤정순, 이옥란까지 6명의 학생이 한 대원이 되었다. 노방 전도하려면 북이 필요하였는데 숙장님이 저녁 예배시간에 광고했더니 북 사주실 분이 나왔고, 또 가을이라 날씨가 추워져서 바바리코트가 필요했는데 며칠 후 바바리코트도 준비가 되었다. 바바리코트의 왼쪽 가슴에 기드온 신학교 마크까지 박혀 있는 멋진 옷이었다. 그리고 한 벌의 전도복까지도 마련되었다. 지금도 그때의 옷을 입고 찍은 "용문산 기드온 신학교 여전도 대원 심령부흥기념 1958년 10월 19일"이라고 쓰인 사진을 가지고 있다.

너는 복음을 전하다 오너라

우리는 제일 먼저 우리를 초청한 온양에서부터 전도 활동을 시작하였다. 초청한 교회에서 새벽기도 집회를 하고 낮에는 북을 둘러메고 거리로 나가 북을 치고 성가를 부르면서 전도를 했다. 대원 중 윤정순 학생은 설교도 잘하였지만, 노방전도를 참 잘하였다. 밤에는 교회에서 밤 집회를 인도하였는데 우리는 신출내기였지만 하나님께서 집회에 은혜를 무한히 부어 주셨다.

가는 곳마다 은혜의 역사가 넘쳐났기 때문에 많은 교회에서 우리를 초청하였고, 우리는 2개월 가까이 전국을 다니면서 집회 인도와 복음을 전하였다.

강원도 두메산골인 정선감리교회를 끝으로 전도를 마치고 용문산 기도원으로 돌아왔다. 이때부터는 여자전도대원들도 신학생이었지만 노방전도도 하고 집회도 인도하였다.

15.
복음 전도에 나타난 주의 능력

제1차 전도집회를 마치고 돌아온 후부터는 전도하는 방법도 새롭게 발전하였다. 하기 전도 때는 전도 대원 2명에다 집회 강사 한 명씩을 짝지어 주었다. 전도 대원 두 사람이 먼저 가서 집회 장소를 준비하였고 강사로 배정받은 사람은 집회일이 되면 와서 집회를 인도하였다.

한 번은 집회하러 나갔는데 장소가 무산되었다. 부랴부랴 집회 장소를 구하러 대원들과 같이 농촌 마을을 지나가는데 어느 외딴 집 문에 새끼줄이 쳐져 있었다. 나는 같이 가는 집사님께 "집사님 저기 새끼줄을 왜 쳐 놓았습니까?" 하고 물었더니, 집사님이 대답하기를 할머니가 장질부사(장티푸스)에 걸려 있어 전염되기 때문에 사람이 들어오지 못하게 하느라고 쳐 놓은 것이라고 하면서, 아무도 접근하지 못한다고 했다. 나는 "아-그래요. 집사님"! 라고 말을 받으면서 데살로니가전서 1장 5절 말씀이 생각났다.

너는 복음을 전하다 오너라

이는 우리 복음이 너희에게 말로만 이른 것이 아니라 또한
능력과 성령과 큰 확신으로 된 것임이라(살전 1:5)

그래서 나는 주의 능력을 믿고 무조건 들어가자고 했다. 우리가 들어가서 보니 할머니는 인사불성이었다. 우리는 "내 주의 보혈은 정하고 정하다. 내 죄를 정케 하신 주 날 오라 하시네. 내가 주께로 지금 가오니 골고다의 보혈로 날 씻어 주소서."를 몇 번을 반복하고 부르고 통성기도를 하면서 나는 할머니에게 손을 얹어 기도했다. "주여 이 불쌍한 할머니의 장질부사 무서운 병을 고쳐주옵소서! 주여!" 하면서 간절히 간구했다.

이렇게 기도하는데 내게 낫는다는 강한 확신이 왔다. 낫겠다는 믿음을 가지고 주기도로 기도를 끝냈다. 우리가 기도를 끝내자 할머니는 그 즉석에서 다 나았다고 하면서 벌떡 일어나 앉았고 죽을 끓여 할머니에게 드렸더니 아주 맛있게 드셨다.

이 소식이 알려지면서 공회당에서 집회 장소를 허락해 주어 집회를 할 수 있었다. 하나님께서 집회 장소를 얻지 못한 우리에게 할머니를 통하여 집회 장소를 주신 것이다. 홍해에서도 길을 주신 하나님께서는 어디를 가나 우리가 복음을 전하도록 길을 열어 주셨다.

16.
예수의 이름으로
신학생의 발이 낫다

　　신학생 때의 일이었다. 어느 신학생이 종아리가 붓고 곪으려고 하였다. 병원에는 갈 형편도 못되었고 밤 껍데기 물에 씻으면 낫는다고 하여 밤 껍데기 삶은 물로 계속 씻고 있었다. 나는 저렇게 하지 말고 기도하면 나을 것인데 왜 저러고 있나? 하는 생각이 들었으나 건방지게 기도해 준다고 할 수도 없고 해서 안타까운 마음으로 지켜보았다.

　　여러 날이 지나도 차도가 없었고 혹시 발이 썩는 것이 아닌가? 하는 걱정도 들었고 기도하면 나을 것인데 속이 답답했다. 하루는 용기를 내어 "아무개 내가 기도해 줘도 되겠나요?" 하고 물었더니 기도해 달라고 했다. 그래서 나는 그 학생의 발을 붙잡고 간절히 기도를 드렸고 그 후 발이 깨끗이 나았다.

　　참으로 주의 능력은 신기하였다. 나는 의사도 아니었고 다만 예수 이름으로 기도하면 낫는다고 해서 예수 이름으로 기도한 것뿐인데 예수님이 고치신 것이다.

너는 복음을 전하다 오너라

"너희가 내 이름으로 무엇을 구하든지 내가 행하리니 이는
아버지가 아들로 말미암아 영광을 받으시게 하려 함이라"

(요 14:13)

말씀처럼 우리가 예수님의 이름으로 구하면 응답해 주시는 것이다. 우리 개인의 경건이나 능력이 아니라 오직 예수의 이름 때문에 치료해 주시는 것이다. 우리는 세상이 가질 수 없는 귀한 예수 이름의 특권을 받았다. 오늘날도 우리가 예수의 이름을 믿는 믿음만 있으면 초대교회 사도들이 한 그러한 일들을 우리도 행할 수 있는 것이다.

17.
마귀의 유혹

용문산 기도원에 오기 전 대구 대광교회 다닐 때 전도사님과 집사님들이 우리 교회 윤 집사님의 아들과 결혼하라고 하였다. 총각은 은행에 다니며 자가용도 있고 잘 생겼다고 하였다. 그때는 자가용 타고 다니는 사람이 흔치 않았을 시기였는데 자가용도 타고 다닌다니 사회적으로 직위가 있었던 것 같았다. 나는 그 남자를 보지는 못했고 중매하는 사람들의 말만 들었다.

그리고 어느 날 기도하시는 권사님에게 이 사실을 말씀드리고 기도 부탁을 드렸더니 기도해보자고 하였다. 하루는 권사님과 기도하러 과수원에 가서 각자 떨어져 이 문제를 놓고 기도를 했다. 한참 기도하고 나서 권사님께서 나에게 지금 결혼하자고 하는 것은 마귀의 간교한 유혹이라고 하셨다. 나는 성령 받은 지 얼마 안 되었기 때문에 나 스스로는 분별을 못 하던 때라 그분의 말을 듣고서 끈질기게 결혼하자는 것을 거절했다.

세월이 흘러서 내가 용문산 기도원에 가서 공부하고 수도하면서 각처에서 집회 인도를 하였다. 한 번은 서울 어느 교회에서 초

너는 복음을 전하다 오너라

청받아 집회를 인도하였다. 낮 공부를 마치고 들어와 쉬는데 누가 나를 찾아오셨다. 만나보니 과거 대광교회 다닐 때 나를 며느리 삼고 싶어 했던 윤 집사님이었다. 나는 반갑게 윤 집사님을 맞이하면서 "집사님이 어떻게 이곳까지 오셨습니까?" 하고 인사를 했다.

집사님은 자기도 대구서 서울로 이사와 살고 있으며, 집회가 있다기에 은혜받으러 왔는데 와서 보니 바로 내가 강사였다면서 이렇게 만나서 너무 반갑다고 하셨다. 또 이렇게 큰 종이 될 것도 모르고 며느리 삼으려 했다며 미안하다고 하시면서 나의 저고리의 인대 동정을 새로 갈아 꿰매어 주시고 한참 동안 이런저런 이야기를 하시다 가셨다.

윤 집사님이 가시고 난 후 나는 주님께 감사했다. 그때 만일 내가 결혼했더라면 한 가정에서 살림이나 하다 세상을 마칠 것인데 주님의 복음을 전하여 영혼을 살리는 사람이 되게 해 주셨기 때문이었다. 연약하고 부족하고 남자도 아닌 여자인 나를 불러 주님의 복음을 전하는 종으로 삼아 주셨기 때문에 감사가 더한 것이었다.

18.
불순종과 주님의 징계

　　매년 7월은 용문산 기도원의 고등성경학교, 기드온 신학교, 수도생들이 모두 전국 각처로 선교여행을 다녔다. 1965년 7월이 되어 올해도 어김없이 선교여행을 가야 했다. 그런데 그 당시 나는 배가 살살 아프면서 건강이 좀 좋지 않았다. 이번에는 책도 보고 싶었고 몸도 아팠기 때문에 선교여행을 가기가 싫었다. 나는 하나님께 고쳐달라는 기도도 하지 않고 어찌하였든지 아프다는 핑계로 선교여행을 가지 않으려고 마음을 먹었다. 숙장님까지 침 놓는 장로님을 모시고 와서 침을 맞으라고 했으나, 침 맞고 나으면 선교여행을 가야 하니까 침 맞는 것도 거절했다. 이처럼 내 마음이 완고해졌다.

　　전 학생들이 선교지로 전도하러 출발하였고 수도실에는 건강이 안 좋은 수도생 한 사람과 나만 남았다. 까마귀가 수도실 옆에 와서 까악 까악 우는데 마음에 불길한 예감이 들었다. 그리고 조금씩 아프던 배가 조금 후 갑자기 터질 것 같이 심하게 아프기 시작하여 사람들을 불렀고, 장로님과 학생 한 사람이 나를 데리고 서울에 있

　　　　　　　　　　　너는 복음을 전하다 오너라

는 이화병원으로 가기 위해 출발했다. 그곳에 내가 아는 의사가 있었기 때문이었다. 가다가 맹장이 터질까 봐 김천서 얼음을 사서 배에 대고 갔다.

이화병원에 도착하여 내가 알던 의사가 간단한 진단을 하고는 맹장이라고 하면서 바로 수술을 하였고 병실로 옮겨졌다. 내가 옮겨진 병실에는 여자 한 분이 입원해 있었는데 그 환자의 보호자가 남자였다. 나는 항상 스승님에게 남녀칠세부동석을 배워온 터라 그것이 마음에 좀 걸렸다. 당시 환자 보호자의 의자는 옛날 완행열차의 의자처럼 등받이를 가운데 두고 양쪽으로 앉게 되어있었고 두 환자의 병상 사이에 놓여 있었다. 그런데 그날 밤에 환자분의 남자보호자가 바로 옆에 있는 그 의자에서 잠을 자는 것이었다. 나는 도저히 견디기가 어려워서 간호사에게 일인실로 병실을 바꿔 달라고 하였다.

그리고 잠시 후 또 몸이 뒤틀리며 배가 터질 것 같이 아파 죽을 지경이 되었다. 담당 의사는 외출 중이었고 간호사들과 다른 의사들이 왔다 갔다 하며 진단을 하더니 기계를 가지고 소변을 빼내었다. 그랬더니 몸이 안정되고 좋아졌다. 그리고 밤 한 시가 넘어 담당 의사가 와서 나를 일인실로 옮겨 주었고 일인실에 혼자 있으니 기도도 하고 좋았다.

나중에 안 일이었지만 내 배를 째고 보니 맹장염이 아니어서 맹장을 떼어내고 다른 병이 있나 자세히 검사했는데 아주 건강하여 병이 하나도 없었으며 이렇게 건강한 사람은 처음 본다고 의사가 말했다는 것이었다.

그런데 일인실로 옮기고 문제가 생겼다. 나는 아프면 기도해서 주님께 치료받았기 때문에 병원을 가보질 않아 일인실은 돈이 많이 든다는 것을 몰랐는데 이제야 사람들을 통해서 알게 된 것이다. 이 일 때문에 걱정하고 있었는데 감사하게도 나운몽 장로님과 사모님이 병문안을 오셔서 이 사실을 아시고 나에게 아무 걱정말라고 하시며 내가 퇴원할 때 병원비를 다 계산해 주셨다.

나는 7일 만에 퇴원하여 서울 숙장님 집에서 사모님의 극진한 간호를 받고 있다가 용문산으로 내려갔으나, 수술 후유증이 남아 거동을 못 하고 근신하며 그냥 집에서 누워만 지냈다.

어느 날 선교여행 갔던 학생들이 개선장군같이 의기양양하게 돌아와 주님께서 역사하신 놀라운 간증을 하는데 나는 몸이 아파 집회 참석도 못 하고 쩔쩔매는 신세가 되었으니, 사람들에게도 하나님께도 부끄럽고 죄송하기 이를 데가 없었다. 남들은 한 생명이라도 살리기 위하여 더위와 핍박과 온갖 어려움과 싸우면서 복음을 전하는데, 나는 내 몸 하나 편하려고 꾀를 부리다 이렇게 누워만 있는 신세가 된 것이 아닌가? 한 번의 불순종이 나를 이렇게 고통 가운데 있게 만드는구나! '순종하면 복이고 불순종하면 화'라는 말씀을 알기는 하였어도 이때처럼 직접 체험되기는 처음이었다.

이렇게 누워 지내는 동안 8월 집회가 시작되었고, 서울 이화병원의 내 담당 의사가 집회에 왔다가 내게 들렸다. 나는 그분에게 내 몸의 증상을 말했더니 그분이 대답하기를 잘못하면 배에 구멍을 내어 배설해야 한다는 것이었다. 이 소리를 듣자 하늘이 무너지는 것 같았다. 그래서 나는 하나님께 간절한 마음으로 회개하고, 부르짖었다. "홍해의 기적으로 나를 살려 배에 구멍 내지 않게 해 주세요." 결사적으로 부르짖었다. "홍해를 가르신 하나님! 홍해를 가르신 하나님!" 하면서 고쳐달라고 부르짖고 또 부르짖었다. 그 후 숙장님께서 수도실로 가라고 하셨기에 몸은 아직도 아팠지만 순종하고 믿는 마음으로 수도실로 수도하러 들어갔다.

하루는 수도실 실내 기도시간에 회개하며 고쳐달라고 간절히 기도하는데, 주님께서 "네가 내 십자가를 내동댕이침으로 내가 너를 형벌 했노라. 그러나 영원한 형벌이 아니리라."고 하시며 "내가 너를 깨끗게 하노라."라고 하셨다. 그때부터 내 몸은 건강해졌고 그다음부터는 7월 선교여행에 빠지지 않았다. 지금도 그때를 돌이켜보면 나에게 지어진 십자가를 언제나 기쁘고 즐겁게 지고 살아야겠다는 생각이 든다.

주께서 그 사랑하시는 자를 징계하시고 그가 받아들이시는 아들마다 채찍질하심이라 하였으니(히 12:6)

19.
징계받은 후 집회에 나타난 놀라운 능력

　　전도하러 가지 않았다가 병으로 징계를 받고 난 후부터는 집회에서 더욱 놀라운 주님의 역사가 나타났다. 한 번은 용인의 어느 교회에서 집회를 인도하고 있었는데 다 죽게 된 여자 아이를 부모님이 데리고 참석하여 교회에 눕혀놓았다. 이 아이가 그 집회에서 완전히 나음을 입었는데 집회 중 천사가 나타나 자기를 치료해 주었다고 하였다.

　　그 후 충청도 어느 교회에서 집회를 인도하였을 때 뇌에 이상이 있어 쓰러져 거의 죽게 된 일곱 살 된 남자아이를 어머니가 데리고 참석하였다. 낮 공부를 마치고 쉬고 있는데 내게 기도 받으러 왔다. 그 아이의 손발을 만져보니 무릎까지 차가웠고 팔도, 머리도 싸늘했다. 나는 의사가 아니라 잘은 모르지만, 생명이 조금만 붙어 있었고 거의 죽어가는 것 같았다. 그런데 이런 사람에게 안수했다가 죽게 되면 나에게 책임이 돌아올 것 같은 생각이 들었다. 만일 죽게 되면 내 보따리 내놓으라고 할 수도 있는 것이 아닌가? 그래

너는 복음을 전하다 오너라

서 어머니에게 손을 먼저 얹으라고 하고 나는 그 아이 어머니의 손 위에 두 손가락만 얹고서 기도했다.

"하나님 아버지, 이 아들을 우리 대한민국에 주시고 이 교회에 주세요! 그리고 이 가정에 주시옵소서! 하나님 아버지 믿습니다. 예수님 이름으로 기도드립니다. 아멘" 그리고 아이가 살아나기를 바라면서 숙소로 돌아왔다. 저녁 집회시간이 다 되어 교회로 가는데 누군가가 나에게 아이가 살아났다는 소식을 전해 주었다.

나는 깜짝 놀랐다. 기도는 했으나 설마 살아날 수 있을까? 라는 생각이 있었는데 이렇게 살아났으니 정말 기뻤다. 온 교인의 기도와 나의 기도를 들으시고 다 죽어가는 아이를 살려주신 자비로우시고 전능하신 하나님께 모든 영광을 돌렸다.

20.
반신불수를
온전케 하신 주의 능력

7월 선교여행 때면 복음 전하기 위하여 전도 대원들이 먼저 1진으로 가서 집회 장소를 준비한다. 그리고 남자 악대 원들이 2진으로 가서 시, 군을 다니면서 나팔을 불며 집회 날짜와 시간을 알렸고 강사들은 3진으로 가서 며칠간 집회를 인도하였다.

한번은 옥천에서 집회하기로 하여 나는 강사로 그곳에 갔다. 도착하여 대원들에게 들으니 먼저 1진으로 온 대원들의 수고가 말로 표현할 수 없을 정도로 많았다고 하였다. 그 당시에 용문산을 일부에서는 환영해도 일부에서는 배척했기 때문에 집회 장소를 잡는 데 어려움이 많았던 것이었다.

그리고 대원들이 나에게 "절을 다녔던 한 사람이 있었는데 절에 간 지 10년째 되는 날 정성을 다해 불공을 드리려고 진수성찬을 준비하고 절에 가서 100번 절을 하다가 쓰러져 한쪽 수족을 못 쓰게 되고 한 손은 오그라진 어느 소장의 부인이 있는데 데리고 올까요?"라고 물었다. 나는 물론 데리고 오라고 하면서 일찍 가서 세수

너는 복음을 전하다 오너라

시키고 머리 빗겨서 모시고 오라고 하였다. 그날 집회시간에 대원들이 그 여자 환자분을 모시고 와 교회 뒷자리에 앉혔다. 나는 열심히 기도하고 열심히 전했는데, 그 여자분이 은혜를 받아 예배가 끝나고 말하기를 이렇게 좋은 예수를 왜 믿으라고 하지 않았냐고 하면서 너무 좋아 어쩔 줄을 몰라 했다. 성도들은 우리가 예수 믿으라고, 교회 나오라고 해도 나오지 않았다고 하면서 끝날까지 집회에 참석하라고 권유하였다.

그리고 그분은 우리 대원들이 모시고 와 한 시간도 빼먹지 않고 집회를 다 참석하였다. 집회는 성황리에 은혜 가운데 끝났고 우리가 떠나는 날 그분이 우리에게 아침 식사를 대접하기로 하여 대원들이 그분 집으로 갔다. 주방에서는 누군가가 음식준비를 하고 있었고 그분과 남편은 방 안쪽에 앉았고 나와 우리 대원들은 문 있는 쪽에 앉았다.

그런데 그 아주머니가 갑자기 일어나고 싶다고 하면서 움직이더니 스스로 일어났고, 못쓰던 손도 펴졌다. 누가 안수한 것도 아니고 누가 일으켜 준 것도 아닌데 주님이 일으켜 주신 것이었다. 그분은 일어나 좋아 어쩔 줄을 모르면서 선 체로 옷고름을 풀기도 하고 매기도 하고, 또 머리에 비녀를 꽂았다 뺏기를 반복하면서 참으로 좋아했다. 우리는 같이 기뻐하면 아침 식사를 하고 그곳을 떠나 다른 곳으로 전도하러 갔다. 그리고 후에 대원으로 같이 갔던 학생이 전하는 말에 의하면 그분이 기독교로 완전히 개종하였고 옥천 강 건너편에 교회도 하나 세웠다고 하였다.

21.
10일 금식하라

내가 수도할 때 수도생들은 금식을 자주 하였고 잘하였다. 40일 하는 수도생들도 있었고 며칠, 일주일. 20일을 할 때도 많았다. 그런데 나는 금식을 잘 못했다. 금식을 시작하면 하루는 할 수 있는데 2일째 되는 날부터는 매스껍고 구토가 나와서 아-악 거렸고 어쩌다 3일을 하면 입에다 사과를 조금씩 물어야 할 수 있었다. 그래서 나는 아예 금식하려고 생각을 하지 않았다. 그 대신 철야기도는 많이 하였고 자신이 있었다. 은혜받은 후부터는 집에서 자는 날보다 교회에서 기도하는 날이 더 많았고, 그것이 습관이 되어 철야기도는 할 수 있었다. 그래서 금식하는 수도생들을 보면 금식하지 말고 철야기도 하라고 하였다.

그런데 이런 나에게 어느 날 산기도를 하는데 하나님께서 10일 금식을 하라고 하셨다. 기도하다 말고 하나님께 "나는 못해요 사흘 해도 죽다시피 하는데 못합니다. 안 해요." 하며 기도를 끝내고 내려와 금식하지 않고 식사를 계속하였는데, 다음 날부터 소화가 잘 안 되었다. 그래도 나는 순종하지 않고 다음 날도 밥을 먹었다. 마침

너는 복음을 전하다 오너라

대구에서 어느 집사님이 맛있는 빵을 수도생들에게 가져와 나도 맛있게 먹고 식사도 했다. 그리고 숙소로 돌아왔는데 위로는 토하고 아래로는 설사가 나기 시작하였다. 토하다 화장실 가기를 몇 번 반복하고 나니 힘도 다 빠졌고 더는 어찌할 수가 없었다. 그때 나는 '내가 금식하라는 주님의 명령을 순종하지 않아 그렇구나' 하고 깨닫고 회개하였더니 거짓말같이 구토와 설사가 멎었다.

이제는 더 금식을 피할 수 없었기에 금식을 시작했다. 하루를 금식하고 다음 날 새벽에 눈을 뜨니 책상 아래에 밤 한 알이 보였다. 이상하다 밤이 왜 이곳에 있지 하고 먹지는 못해도 신기하여 손을 펴 잡아 보았더니 밤이 아니라 잉크병 뚜껑이었다. 하루 금식하고 잉크병 뚜껑에 속다니 하고 잉크병 뚜껑을 던져버렸다. 나는 아! 내가 금식에는 약하구나! 하루 금식하고 잉크병이 밤알로 보이다니… 내가 한심했다. 이래가지고서야 어찌 10일을 채우겠나? 하며 그 뒤는 하루하루를 입에 사과를 물고서 금식했다.

이렇게 4일째 되는 날 밤 드디어 사건이 터졌다. 수도생들이 교회로 다 가고 나 혼자 수도실에 남았는데 온몸이 뒤틀리며 숨이 막히고 죽을 것만 같았다. 마침 예배를 드리고 누가 왔는지 인기척이 들렸다. 나는 그 수도사에게 아파 죽겠다면서 죽기 전에 수도생들이나 한번 보고 싶다며 빨리 수도생들을 불러오라고 하였다. 소식은 전해 들은 수도생들은 기도도 못하고 모여와서 "언니 왜 그러느냐?"며 소란이 벌어졌다. 어느 수도생이 "죽을 끓여 올까요?" 하고 물었다. 나는 그 말을 받아 죽을 먹자니 하나님이 두렵고 안 먹고 금식을 계속하자니 견딜 수가 없으니, 죽은 내가 먹고 매는 수도생이 대신 맞아 달라고 했다. 그랬더니 그 수도생이 매는 누가 맞든 죽을 드셔야 한다며 급하게 죽을 끓여 왔다. 나는 4일을 못 채우고 죽을 먹고 말았다. 그렇게 소용돌이치던 고통이 삽시간에 멈추었고 살 것 같았다. 그리고 하나님께 '하나님, 나는 10일도 금식 못 하는 약한 자입니다'라며 갈대같이 머리를 숙였다.

그때부터 나는 우리 수도생들에게 금식하지 말라는 말은 입 밖에도 내지 않았다. 하나님께서 수도생들이 필요해서 생명을 걸고 금식을 하는데 내가 못하게 방해를 놓으니까 나를 금식시켜 어려움을 알게 하시고 방해를 못하게 가르치신 것 같다.

너는 복음을 전하다 오너라

22.
폐병 환자를 죽기 전에 보냄

　　어느 날 독경시간을 마치고 산상 기도시간이 되어 산에 올라가 기도하는 데 별안간 환상이 열리면서 어느 학생이 다른 사람과 대화 중에 내게 대한 불평을 하는 것이 보였다. 그 학생은 나와 가깝고 내게 잘하는 학생이며 나도 그 학생을 좋게 생각하고 있었기에 그 학생이 나를 나쁘게 말할 사람이 아니었다. 또 내가 잘못한 것도 없고 그럴 이유도 없다고 생각했다. 그러나 성령이 하시는 말씀이니 의심할 수 없었고 그 학생을 불러 물어보았다. 그랬더니 "선생님은 나를 사랑한다고 하면서 집을 왜 안 빌려줍니까?"라고 하는 것이다.

　　얼마 전 그 학생이 자기가 아는 사람이 폐병에 걸려 왔다며 수도 기간이라 비어 있던 내 집을 빌려 달라고 하길래 내가 거절했던 일이 있었다. 그래서 나는 "그것은 나와 너 사이에 금이 갈까 봐 그런 것이다. 너를 생각하지 않은 것이 아니라 생각하기에 허락하지 아니한 것이다."라고 이해를 시키고 헤어졌다.

　　며칠 후에 또 산상 기도시간이 되어 올라가 기도하는데 하나님께서 "죽은 자의 소원도 들어주는데 산자의 소원을 안 들어주느냐?"라고 하셨다. 나는 "네, 알았습니다." 하고 내려와 그 학생을 만나서 이렇게 말했다. "내가 폐병 환자에게는 집을 안 빌려주려고 했다. 폐병 환자가 죽으면 속에 있는 폐균이 다 나오는데 그 균이 3년을 간다고 하는 말을 들은 적이 있다. 그런데 어찌 빌려줄 수 있겠는가? 그런데 성령님이 죽은 자의 소원도 들어주는데 산자의 소원을 왜 안 들어주느냐고 말씀하셨기 때문에 빌려주려고 한다."라고 하면서 대신에 그 학생에게 한 가지 부탁을 했다. 내가 만일 데리고 가라고 하면 언제라도 데리고 갈 수 있겠는가? 그러자 그 학생이 "그러겠습니다."라고 약속을 했다. 그래서 굳게 약속받고 내 숙소 독채를 빌려주었다.

그리고 나는 하나님께 기도를 드렸다. "하나님 아버지, 나는 빌려주기 싫은데 성령이 죽은 자의 소원도 들어주는데 산자의 소원을 왜 안 들어주느냐고 하셨기 때문에 빌려주었어요. 그러니 부탁드릴 말씀이 있습니다. 주여! 폐병 환자가 우리 집에서 죽지 않게 해주시고 죽게 되면 미리 내게 알려 주세요. 그래서 빨리 내려보내게요." 하고 간절히 믿음으로 기도드렸다. 하나님께서는 기도한 대로 이루어주셨다.

얼마 지난 후 어느 날 산상 기도시간이 되어 올라가 기도하는데 하나님께서 "죽는다. 빨리 보내라."라고 하셨다. 나는 그 학생을 불러 죽는다고 하셨으니 오늘 중으로 내려가라 하였고, 그 학생은 오후 4시경 폐병 환자를 데리고 하산했다. 그리고 며칠 후 그 학생이 돌

너는 복음을 전하다 오너라

아와서 하는 말이 환자가 내려가서 다음날 죽었다고 했다. 참으로 하나님은 한 치의 오차도 없으신 분이시다. 나는 하나님께 "하나님 감사합니다. 내 기도를 들어 주어 감사합니다."라고 감사를 드렸다.

이처럼 주님은 성령으로 내 안에 계셔서 나를 인도해 주시는 것이다. 그래서 나는 항상 모든 일에 어린아이같이 주님께 물어보고, 보고 드리고 도움을 청하며 살아간다.

Chapter 5.

수도사로서의 사역

"남자 강사보다 낫다."

01.
집회 강사로 나가는 나의 자세

내가 신학을 공부하기 위해 처음 용문산 기도원으로 갔을 때 그곳의 교과과정은 고등성경학교, 신학교 과정으로 구성되어 있었다. 그러나 1960년부터 수도사 제도가 새로 생겼다. 수도사는 신학과정까지 다 이수한 사람이 수도생으로 7년 동안 오직 기도와 말씀에만 매진하여 자신을 주님이 쓰시기에 합당한 깨끗하고 능력 있는 그릇으로 만들어 가는 시간으로, 한 달은 용문산 기도원에서 수도하였고, 한 달은 나가서 복음을 전하였다.

이 수도생의 자격은 자원제였으나 그동안의 공부 과정을 통하여 신앙적인 면과 인성적인 면이 검증되어 수도하기에 합당한 사람만 할 수 있었다. 특별히 수도생은 숙장님이 친히 선택하였고, 7년의 수도과정을 다 마쳐야만 수도사 안수를 주셨다. 나는 하나님의 은혜 가운데 1기로 수도과정을 받았고 1967년 제1기 수도사가 되었다.

이렇게 수도사가 되면 사역현장으로 나가서 기도원을 개척하는 수도사와 용문산 기도원에 남아 교사와 교수로 일하는 수도사로

너는 복음을 전하다 오너라

나누어졌다. 우리 동기들은 거의 사역현장으로 나갔지만 나는 주님께서 "기도원 개척하러 나가지 말라" 하시고 또 "한국 땅이 적으면 더 주마."라고 하셨기 때문에 용문산 기도원에 남아 부흥 집회를 다녔다. 내가 나가서 집회를 인도할 때에 주께서 은혜를 많이 내려 주셨기 때문에 주중에는 쉼 없이 전국으로 집회를 다녔다. 그리고 집회를 인도하는 일이 내 적성에도 맞는 것 같아 나도 좋아했다.

그러나 사실 집회를 인도한다는 것은 쉬운 일이 아니었다. 내가 성도들에게 은혜가 임하는 성령의 통로와 도구가 되어야 하므로 항상 말씀과 기도로써 나의 영을 깨끗하고 충만하게 유지해야 했다. 집회를 인도하는 강사가 깨끗지 못하고 충만하지 못하면 거기에는 성령이 역사할 수 없기 때문이었다. 또 사단의 영에 사로잡혀 있는 불신자들을 구원하고 육신적으로 더럽게 사는 성도들을 변화시키기 위해서는 내가 해산하는 수고가 없이는 불가능했다.

그러기에 나는 집회를 나가기 전 집중적 기도를 했으며, 집회하러 가서 식사할 때도 숙소에서 하였고 조금 쉬는 시간 외는 거의 기도에 집중했다. 일체의 외부 출입을 금하고 오직 집회에만 내 마음을 쏟고 기도했다. 오순절 마가의 다락방에서처럼 전혀 기도에 힘쓸 때 주께서 집회에 놀랍게 역사해 주셨다.

내가 이렇게 기도를 많이 하고 강단에 올라가면 능력이 위로부터 내게 임하면서 내 허리에 큰 능력의 손이 붙잡고 있는 느낌이 들었다. 이때는 아무리 전해도 목도 아프지 않고 피곤하지도 않고 시간이 가는 줄도 몰랐으며, 집회 장소에 모인 거의 모든 사람이 회개하고 은혜받는 것을 종종 보았다.

　내가 집회에서 가장 중점을 두었던 것은 어찌하든지 성령께서 역사하실 수 있도록 나 자신을 성령이 사용하시는 도구로 만드는 것이었다. 그러기 위해서는 기도밖에 없었다. 나는 기도에 생명을 걸었고 이런 나를 통해 성령께서 역사해 주셨다.

오직 성령이 너희에게 임하시면 너희가 권능을 받고 예루살렘과 온 유대와 사마리아와 땅끝까지 이르러 내 증인이 되리라 하시니라(행 1:8)

너는 복음을 전하다 오너라

02.
일하다 병든 기관지를 고쳐주심

　　내가 여자 고등성경학교 교장이 되고서는 월요일에서 금요일까지 집회 인도하고 입산하면 토요일에는 고등성경학교에서 '숙정신' 과목 강의를 해야 했다. 나는 원래 천성적으로 맡은 일은 몸을 돌아보지 않고 하는 성품이라 쉬지 않고 일을 하다 보니 기관지가 부어서 말도 할 수가 없었고, 온몸도 아파 다닐 수도 없었다.

　　이제 내 생명이 끝나는가? 젊은 사람이 피기 시작하다 사라지다니 다시는 소생할 길이 없을까? 이대로 가는가? 살 소망이 끊어지는 건가? 별의별 생각이 다 드는 것이었다. 사람은 질병이나 죽음 앞에서는 무능하기도 하지만, 그럴 때 신앙으로 놀라운 능력을 발하기도 하는 것이다. 나의 생사는 예수님께 달린 것이 아닌가? 주님께서 살려주면 살고 살려주지 아니하면 죽을 수밖에 없는 것이 아닌가? 죽을 사람이 먹어 무엇하겠는가?

　　나는 그날부터 방안에서 자물쇠로 문을 잠그고 아무도 없는 것같이 하고 불도 껐다. 추운 1월이었지만 연탄도 갈아 넣지 않고 냉

방에서 굶으면서 오직 주만 바라보았다. 처음에는 기가 막혀 기도도 안 되고 아무 말 없이 눈물만 흘리며 누워 있었다. 복음 전하다 기관지가 병들어 이대로 죽는다면 누가 복음을 위해 일하겠는가? 주님이 책임을 져주시라고 처참한 모습으로 탄식했다.

그런데 나도 모르게 내 입에서 "**구주와 함께 나 죽었으니 구주와 함께 나 살았도다**"라는 찬송이 나왔다. 내가 잘 모르는 찬송이었다. 건넛방에 풍금이 있었기에 엉금엉금 기다시피 가서 풍금을 쳐서 조금 배우고 와서는 누워서 부르다가 또 가서 배웠다. 구구절절이 내 형편하고 꼭 맞았기 때문에 이 찬송만 불렀다. 특히 3절의 "**뼈아픈 눈물을 흘릴 때와 쓰라린 마음으로 탄식할 때 주께서 그때도 같이 하사 언제나 나와 함께 계시네. 내 몸의 약함을 아시는 주 못 고칠 질병이 아주 없네. 괴로운 날이나 기쁜 때나 언제나 나와 함께 계시네!**" 이 부분이 내 마음을 울렸다.

이틀 되는 밤에 이 찬송을 부르는데 눈물이 나서 한없이 애통하며 통곡했는데, 그때 내게 강한 힘이 임하면서 마음에 주님께서 내 병 고쳐주신다는 강한 확신과 함께 말할 수 없는 눈물이 쏟아지고 통곡이 나왔다.

다음날 새벽에 믿고 일어나 연탄도 피우고 밥도 지어 먹었고, 직원 집회가 있어 참석하였다. 집회 첫날부터 하나님이 나에게 은혜를 주시는데 얼굴서부터 온몸과 마음에 불이 와서 뜨거웠다. 아픈 곳은 언제 나았는지 깨끗하였다.

하나님이 나의 애통하며 울고 부르짖는 기도를 들어주신 것이다.

너는 복음을 전하다 오너라

히스기야 왕의 눈물 기도를 들어주신 하나님께서 내가 금식하며 통곡하며 우는 눈물의 기도를 들어주셨다. 이처럼 우리가 전심으로 기도하면 무슨 병이라도 주께서 고쳐주시고, 무슨 일이라도 해결해 주신다.

그 후로부터는 말씀을 아무리 강하게 외쳐도 목과 기관지에는 전혀 이상이 없었다. 겨울만 오면 감당할 수 없이 나왔던 기침도 그 후로는 아무리 추워도 나오지 않았다.

✒ 너희가 온 마음으로 나를 구하면 나를 찾을 것이요 나를 만나리라(렘 29:13)

03.
옴과 옻을 치료받음

        1973년 7월 경에 구국 제단 옆에 새로 지은 내 개인 기도실에 기도하러 올라가다가 옻나무를 만졌는데, 그때 옻이 올랐다. 또 내가 집회 간 사이에 옴이 옮아있는 학생이 내 기도실에 와서 잤는데, 그 뒤 내가 집회를 끝내고 돌아와 그곳에서 기도하다 옴이 올랐다. 옴과 옻이 내 몸에 동시에 옮았으니 얼마나 가려운지 죽을 지경이었다. 긁어도 긁어도 가렵고 또 긁다 보니 진물이 나오고 괴로워 견딜 수가 없었다. 기도도 못 하고 성경도 못 보고 몸을 긁고만 있었다. 너무 지독한 병이었다.

    그래서 나는 안 되겠다. 하나님께 기도해서 고침받아야겠다고 생각하면서 구국 제단에 올라가서 무릎을 꿇고 겸손하고 정중한 마음으로 하나님께 기도드렸다. "하나님 아버지, 옻과 옴이 옮았습니다. 아버지 고쳐주셔야겠습니다. 아버지 꼭 고쳐주세요. 부탁드립니다."하고 내려왔다.

    그리고 그다음 날이 되었는데도 전혀 차도가 없었다. 나는 또 구국 제단에 올라가서 기도했다. "아버지요 내가 어제 병을 고쳐주시라고 부탁했으나 고쳐주시지 않았습니다. 오늘 다시 올라와 부탁

    너 는 복음을 전하다 오너라

합니다. 꼭 고쳐주세요."하고 내려왔다.

그리고 그다음 날이 되었으나 전혀 차도가 없었다. 나는 거기서 끝낼 수가 없었다. 그때부터 기도실에서 본격적으로 부르짖기 시작했다. "아버지요 내가 두 번이나 간절히 부탁했는데 고쳐주시지 않았습니다." 나는 반쯤 앉고 선 자세로 부르짖었다. "**내 영혼이 살기에 곤비하니 내 불평을 토로하고 내 마음이 괴로운 대로 말하리라!**"(욥 10:1)라는 말씀같이 나도 주님께 괴로운 대로 말했다.

"주여 나에게 항상 주의 이상만 맞추라 하셨지요. 그래서 주님의 이상대로 살려고 고생도 핍박도 멸시 천대도 받으며 오늘까지 주님의 십자가만 바라보며 내게 주신 십자가 지고 이 시간까지 왔습니다. 주여 나의 소원을 들어주옵소서! 내 이상도 생각해 주옵소서! 세상에서도 이상이 맞지 않으면 같이 살 수 없어 갈라집니다. 내 영도 같이 살 수 없습니다. 이별합시다."

내가 몸을 긁으면서 이렇게 내 이상도 맞추어 달라고 하소연하면서, "아버지요 능력을 전하는 내가 내 병 하나 못 고치고 누구에게 나가 복음을 전하며 능력을 믿으라고 말하겠습니까? 주님께서 나를 고쳐주셔야 주의 능력을 전할 수 있습니다. 아버지 하나님, 약 한 봉지와 주사 한 대면 고칠 수 있습니다. 나는 약을 사용하지 않고 살았기에 더 신속히 치료될 것입니다. 하나님! 하나님의 능력이 약 한두 봉지와 주사 한 대만 못합니까? 나는 주님의 능력이 주사나 약보다 나은 것을 믿습니다." 하며 울고 부르짖었다.

그런데 이때 하늘에서 강한 힘이 내 몸에 확 임하고 온몸이 시원해지면서 가려움증이 일시에 사라졌다. 그래도 나는 완전히 믿지 못하고 내일 봐야 알지 하며 기도를 끝내고 내려왔다.

그런데 다음날이 되자 가려움증이 없었고, 신기하게도 옴이나 옻에 의해 생긴 흉터도 없어졌고, 부었던 얼굴도 원래의 모습으로 깨끗하게 돌아왔다. 얼마나 신기하고 기뻤는지 말로 다 표현할 수가 없었다.

아침에 밥을 짓기 위해 물 길으러 구국 제단에 갔다가 구국 제단 책임자 되시는 권사님을 만났다. 권사님은 나를 보자 "수도사님 이게 어찌 된 일입니까? 부었던 얼굴이 다 나았네요! 어제 같으면 오늘은 교회도 못 가실 것 같았는데 어떻게 다 나았나요?" 하며 물었다. 나는 기도해서 다 나았다고 했더니 매우 신기해하셨다.

나도 얼굴이 부어 내일 주일에는 교회도 못 가겠구나 하고 생각했었는데 주님이 이처럼 깨끗하게 고쳐주신 것이다. 열왕기하 5장에서 엘리사가 나아만 장군에게 사자를 보내어 요단강물에 몸을 일곱 번 씻으라고 해서 나아만 장군이 가서 씻었더니 그 몸이 어린아이 살과 같이 깨끗하게 나은 것 같이 나도 하나님께서 병의 흔적도 없이 고쳐주신 것이다.

하나님은 과거나 현재나 동일하게 역사하신다. 내가 하나님께 **"약이나 의사보다 하나님의 능력을 믿습니다."**라고 말했듯이 오늘날도 믿는 자에게는 능치 못함이 없는 것이다.

예수께서 이르시되 할 수 있거든이 무슨 말이냐 믿는 자에게는 능히 하지 못할 일이 없느니라 하시니(막 9:23)

너는 복음을 전하다 오너라

04.
무릎 꿇은 앉은뱅이가 고침 받다

부여에 있는 어느 교회에서 집회할 때 일어난 일이다. 지금은 농촌에도 아름다운 교회가 세워지고 놀랍게 발전하였지만 내가 집회를 다닐 때만 해도, 심히 약하고 어려운 형편들이었다. 주의 종들이 먹을 것이 없어 끼니를 거르기도 하였고, 교인도 몇 명 되지 않았고 교회나 사택도 겨우 사람이 드나들 수 있는 그런 곳이 많았다.

나는 집회를 다닐 때 교인이 많고 적음에 관계하지 않고 다녔다. 서울처럼 교인이 많은 큰 교회에도 다녔지만, 교인이 몇 명 없는 시골의 작은 교회도 다녔다. 부여에 집회 인도를 간 교회도 교인 수가 일곱 명뿐인 전형적인 시골교회였다. 그러나 집회 때는 이웃의 여러 교회에서 성도님들이 모여와 작은 교회가 가득 찼다.

그리고 이 집회에 무릎이 꿇은 채로 앉은뱅이가 된 아주머니가 참석했다. 이 분은 교회 다니다가, 가난해 헌금할 돈이 없어 교회를 나가지 않았다고 했다. 그런데 주님이 이 분에게 나타나셔서 교회에 나가라고 세 번을 경고하셨다고 하였다. 주님이 첫 번째 "교회

나가라, 안 나가면 때리겠다."라고 하셨으나 불순종하고 나가지 않았고, 두 번째 주님이 "교회 나가라, 안 나가면 때리겠다."라고 하셨으나 그래도 불순종하고 나가지 않았고, 세 번째 주님이 "교회에 나가라, 안 나가면 때리겠다."라고 하셨으나 그때에도 불순종하고 교회에 나가지 않았다고 했다. 그런데 그 후 어느 날 갑자기 무릎을 꿇은 채로 앉은뱅이가 되어버린 것이다. 이 아주머니가 교회에서 집회한다는 소문을 듣고서 밤 집회에 참석한 것이었다.

그날 밤 집회가 끝나고 교인들이 나에게 아주머니에게 안수기도를 해주도록 부탁을 했다. 나는 "이렇게 중대한 일을 기도준비도 없이 어떻게 할 수 있겠습니까? 그러니 오늘 밤은 교인들이 철야기도를 해서 준비해주세요! 그러면 내일 낮 공부 후에 안수기도를 해 드리겠습니다."라고 약속을 했다. 그래서 그날 밤은 교인들이 이 앉은뱅이 된 사람을 일으켜달라고 철야기도를 했다.

나는 약속한 대로 다음 날 낮 공부를 마치고 함께 간 수도생과 같이 손을 얹고 간절히 기도했다. 처음에는 이 앉은뱅이가 과연 일어날까? 하는 의심이 생기기도 했지만 믿으면 능치 못함이 없다는 주님의 약속 말씀을 굳게 믿고 믿음으로 간절히 기도드렸다. 그리고 나는 숙소로 돌아왔다.

그런데 저녁 무렵에 누군가가 소식을 전해주는데 앉은뱅이가 일어나 물동이를 이고 물을 날라서 밥을 지었다고 하는 것이었다. 나는 하도 놀라서 그것이 정말이냐고 되물었더니 정말이라고 했다. 그리고 다음 날 낮 공부하러 나가는데 저편에서 성도들이 일렬로

너 는 복 음 을 전 하 다 오 너 라

논두렁길로 걸어오고 있었다. 그중에 한 사람이 "강사님"하고 나를 불렀다. 그래서 내가 그분을 바라보는데 그 사람이 어느 분을 가리키면서 "저 분이 어제 일어난 사람입니다."라고 했다. 그분이 가르치는 사람을 바라보니 조금은 불편해 보였지만 잘 걸었다. 나는 고침 받은 그 아주머니에게 성령 받고 앞으로는 예수 잘 믿으라고 말해주었다. 우리를 불쌍히 여기사 기적을 베풀어 주시는 한량없는 하나님의 사랑과 은혜에 감사하였고, 그 사건 이후 더 확신하고 복음을 전할 수가 있었다.

그리고 그해 용문산 8월 집회에 그분이 참석하였는데, 내 숙소까지 찾아와서 감사하다고 인사를 하면서 자기는 돈이 없어 좋은 것으로 보답을 못한다며 집에서 손수 만들어온 도토리묵 두 덩이를 주고 가셨다.

"주께서 그 사랑하시는 자를 징계하시고 그가 받아들이시는 아들마다 채찍질하심이라 하였으니"(히 12:6) 말씀처럼 주님께서 이 분을 사랑하시어 징계를 통하여 다시 바른길로 돌이켜 주셨다.

05.
무당들의 신이 떠나 굿을 못함

8월 성회를 앞두고 우리 용문산 기도원에서는 전국 각지에 전도 대원을 파송했다. 강사 한 명에다 대원 2명씩 3명이 한 팀이 되었고, 2명의 대원은 앞서가서 집회할 장소를 준비하였다.

어느 해인가 경상도로 전도 집회하러 갔을 때인데, 교회에서 집회 장소를 허락해주지 않아 공회당에서 집회하기로 했다고 먼저 간 대원들에게서 연락을 받았다. 우리는 장소를 초월해서 오직 복음만 전할 수 있다면 어디든지 가는 것이었다.

나는 집회 인도를 하기 위해 버스를 타고 가서 대원들을 만나 일행들과 함께 집회 장소로 이동하고 있었다. 그런데 가면서 보니 군내가 온통 울긋불긋한 깃발이 줄에 매달려 있었고, 확성기에서는 꽹과리 소리, 북소리가 요란하였다. 무언가 대대적으로 하는 것 같았다. 나는 대원들에게 무엇을 하는지 물었더니, 군의 평안을 위해 지신밟기를 한다고 했다.

그래서 나는 집회를 하면서 두 가지를 기도했다. 첫째는 무당들

너는 복음을 전하다 오너라

에게 신이 내리지 않아 굿을 못 하게 하시고, 둘째는 무당들이 굿 하기 위해 만들어 놓은 단 위에 올라가 전도하게 해주시라는 것이 었다. 하루는 낮 공부를 마치고 잠깐 누워 있는데 계속 나던 굿 소리가 나지 않았다. 나는 때는 이때다 싶어 전도 대원들에게 무당 들의 치다꺼리 소리가 안 들리니 지금이 저 모인 군민들에게 전도 할 기회라고 하면서 빨리 가자고 했다.

우리는 달려가서 무조건 단 위로 올라가서 **"하나님이 세상을 사 랑하사 독생자를 주셨으니 저를 믿는 자는 멸망하지 아니하고 영생을 얻으리로다. 주 예수를 믿으라. 그리하면 너와 네 집이 구원을 얻으리 로다. 여러분 예수를 믿고 구원을 받으세요!"** 하고 한참 전하고 내려 와 공회당으로 돌아왔다.

우리가 저녁 집회를 마치고 나오는데 좋은 소식이 들려왔다. 무 당들이 단상에 12신을 모셨고, 12신들이 먹으라고 각색 떡으로 상에 나열해놓았는데 우리가 전도하는 시간에 떡이 상에서 우르르 떨어졌고 신이 다 떠났다는 것이었다. 무당들이 고등학교에 지신 밟기를 위해 간 사이에 이 사건이 일어난 것이었다. 무당들은 우리 가 전도를 하고 난 다음부터 12신이 떠나 굿을 할 수 없게 되었다 고 한다.

다음날 새벽에 또 다른 소식이 전해졌다. 주관부서에서 50만 원 을 주고 다른 무당 두 명을 불렀는데 이 무당들도 신이 내리지 않 아 굿을 못 했다고 했다. 이렇게 되자 집회를 방해했다면서 경찰서 에서 우리를 오라고 했다. 우리는 복음 전하다 감옥에 가는 것을 당연한 줄 알고 낮 공부 후에 가기로 했다.

　그런데 우리 대원들을 도와 공회당을 빌리게 해주신 독립운동을 친히 하셨던 나이 많으신 영수님께서 자기가 갈 테니 우리에게는 가지 말라고 하셨다. 그래서 우리는 경찰서에 가지 않았는데, 영수님이 경찰서에 갔더니, 집회를 방해했다고 호통을 치더라는 것이었다. 그 말을 들은 영수님께서 책상을 두들기면서 우리 믿는 사람이 이 나라를 독립시키지 아니했다면 너희가 지금 이 자리에 앉아 있을 수 있겠는가?라고 오히려 경찰에게 야단을 쳤다고 한다. 그랬더니 경찰도 독립운동을 한 사람이 항거하니 할 말이 없었던지 영수님을 가시라고 하여 돌아왔었다.

　참으로 하나님의 역사는 통쾌하기 그지없었다. 우리는 그곳에서 집회를 다 마치고 다음 집회 장소로 옮겨갔고 여름 집회를 다 끝내고 용문산으로 돌아왔다. 우리가 용문산으로 돌아온 지 15일 후에 전에 집회했던 곳에서 사람이 왔는데 아직 신이 내리지 않아 굿을 못 한다고 했다.

칠십 인이 기뻐하며 돌아와 이르되 주여 주의 이름이면 귀신들도 우리에게 항복하더이다(눅 10:17)

너는 복음을 전하다 오너라

06.
여자 강사라고 바꾸러 옴

       수도를 마치고 내가 개인적으로 살던 집은 숙장님이 사시는 사택(기념관)에서 옆길을 건너서 좌측 조금 위쪽에 있었다. 지대가 높았기 때문에 창문에서 아래를 다 볼 수 있어 숙장님 사택을 오고 가는 사람을 볼 수 있었다.

    하루는 우연히 밖을 내다보는데 애향촌을 향하여 열심히 걸어오는 사람이 있었다. 그분을 보는 순간 성령께서 "강사 초청하러 온다."라고 하셨다. 그 사람은 숙장님 사택에 들어갔다가 얼마 후에 내려갔다. 나는 성령이 내게 하신 말씀이 궁금해서 사실 확인도 할 겸 재빨리 나운몽 장로님께 가서 물었다. "지금 오신 그분이 왜 왔어요? 부흥강사 청하러 왔지요."하고 물었다. 장로님은 네가 어떻게 아느냐며 그분은 연무대에서 집회 강사 청하러 오신 권사님이신데 나를 청하러 왔기에 나는 못 가고 김상화 너 보낸다고 했다고 하셨다.

    나는 "숙장님 오시라고 했는데 내가 어떻게 가요? 나는 못가요."라고 말했더니 숙장님께서 "남자 강사보다 낫다."라고 했다며 나

보고 집회 인도를 가라고 하셨다. 그래서 나는 하는 수 없이 "알았어요."하고 돌아왔다.

며칠 후에 창밖을 내다보는데 먼젓번에 강사 초청하려고 왔던 권사님이 또 오는 것이 보였다. 이때 하나님께서 "여자 강사 싫다고 바꾸러 오는 것이다."라고 가르쳐 주셨다. 권사님이 가고 나자 나는 성령의 말씀을 확인도 할 겸 숙장님에게 내려갔다. 내가 들어서자마자 숙장님에게 "여자 강사 싫다고 왔지요."라고 물었더니 숙장님께서 "그래, 그래서 내가 마지막 날 가기로 했다."라고 대답하셨다.

나는 갈 수도 안 갈 수도 없었다. 스승님의 말씀을 거역할 수도 없었고, 가자니 꿩 대신 닭이라 환영받지 못할 것이고, 그래서 가긴 가되 기도를 많이 해서 주님의 큰 권능을 가지고 가자고 생각했다. "하나님 나는 여자입니다. 주님, 내 힘으로는 집회 인도 못 하는 것 아시지요. 이번 집회에 큰 능력으로 역사해 주세요!"라며 집회를 위한 결사적인 기도를 하였다.

집회 날이 되어 나는 버스를 타고 출발하여 연무대에서 내렸다. 버스에서 내리니까 목사님(감리사)이 강사를 맞으러 와 계셨다. 나는 지금도 그때를 생각하면 웃음이 나온다. 그때 나는 키도 작았고 결혼도 안 했으니 얼굴도 어린아이 같았고 또 거기에 여자였으니 목사님이 얼마나 실망을 했을까? 하는 생각 때문이다.

집회 첫날 강단에 섰는데 큰 교회가 성도들로 가득 찼으며 약 600명 정도는 되는 것 같았다. 다음날 낮 공부 시간에 성도님들이

너는 복음을 전하다 오너라

부르짖는데 그 갈급함과 열정은 말할 수가 없었다. 성령 받으려는 뜨거운 열정이 불길같이 내 마음에도 느껴졌다. 그래서 나도 목숨을 다해 전했다.

집회가 거듭될수록 성도가 불어나서 나중에는 교회 밖에도 사람이 있었다. 그 집회 위에 성령의 놀라운 역사가 나타나 많은 사람이 은혜를 받고 회개하고 충만함을 받았다. 마지막 날, 숙장님께서 오셔서 내 옆방에서 사람들과 이야기 하는 것을 들었는데 강사 초청 왔던 권사님이 우리 스승님에게 강사인 나를 칭찬하면서, "위대하다. 대단하다. 잘한다. 훌륭하다. 은혜 많이 받았다."며 입에 침이 마르도록 칭찬을 하였다. 나는 속으로 저 칭찬은 주님이 받으셔야 한다고 생각했다. 나는 다만 성령께 내 입과 내 몸을 쓰시라고 드린 것밖에 없는 것이다. 이 약하고 보잘것없는 나를 사용하신 은혜를 감사했다.

마지막 집회는 숙장님께서 오셔서 인도하셨는데, 더 많은 성도가 왔고 더 많은 은혜가 내려 충만한 가운데 집회를 마칠 수 있었다. 처음보다 끝이 더 좋았다. 숙장님과 나는 집회를 마치고 홀가분한 마음으로 숙장님의 지프를 타고 용문산으로 돌아왔다. 복음을 전하고 돌아올 때의 그 기쁨은 말로 다 형용할 수 없이 좋았다.

07.
국회의원 연설회에서 전도

　　국회의원 선거일이 가까워 선거운동이 한창인 어느 장날의 일이었다. 후보 연설회가 있는 날이라 수많은 사람이 모여 있었고 후보들은 저마다 지지를 호소하고, 상인들은 사고팔고 시골 장터라 시끄럽기가 엄청났다.

　　우리 전도 대원들도 그 속에서 만나는 사람마다 복음을 전했다. 나도 사람 사이를 헤치며 주먹을 불끈 쥐고 "예수 믿으라. 예수 믿으면 구원받고, 믿지 않으면 멸망한다."라며 다니며 전하는데 시끄럽고 복잡해서 잘 전할 수가 없었다.

　　그때 내 마음에 '마이크를 가지고 전하면 이 수많은 사람에게 다 복음을 전할 수가 있겠다.'라는 생각이 들었다. 그래서 나는 마이크 소리가 나는 곳으로 가서 그곳에 있는 사람에게 "마이크 잠깐 빌려줄 수 없습니까? 잠깐만 빌려주세요!"라고 말했다. 그러자 그들은 안 된다고 거절하는 것이었다. 우리도 물러설 수 없었다. 국회의원 당선되는 것도 중요하지만, 예수 믿는 것이 더 시급하고 중요한 일이기 때문이었다. 나는 또 마이크를 빌려 달라고 떼를 썼다. 그랬

너는 복음을 전하다 오너라

더니 무얼 하려고 하는지를 물었다. 전도하려 한다고 했더니 잠깐 기다리라고 하였다.

나는 그들 옆으로 바짝 다가가서 한 손으로 재빠르게 마이크를 뺏다시피 하여 복음을 전했다. 그곳에는 대부분이 불신자들이기 때문에 처음부터 예수 믿으라고 하는 것보다 그들의 시선을 끌기 위해 먼저 "순천자는 흥하고 역천자는 망한다."로부터 시작하여, "하나님이 이 세상을 사랑하사 독생자를 주셨으니 누구든지 예수 믿으면 멸망하지 않고 영생 얻습니다. 인생은 세상에 살다가 가야 하는 영원한 길이 있는데, 하나는 천국 길, 하나는 지옥 길입니다. 예수를 믿으면 천국에서 영원히 삽니다. 성경에 '주 예수를 믿으라. 그리하면 너와 네 집이 구원을 얻으리로다'라고 말씀했습니다. 다음 주부터 가까운 교회로 나가시기 바랍니다. 마이크 주셔서 감사합니다."

그날은 전도한 것 같았다. 이렇게 담대하게 전할 수 있는 용기와 힘을 주신 주님께 감사하며 숙소로 돌아왔다.

08.
여자니까 강단에 서지 말라

언제인가 한 번은 어느 교회에 집회하러 갔는데, 집사님 가족들이 열병이 걸렸다며 가서 기도를 좀 해 달라고 부탁을 하였다. 나는 집회에 참석하게 하라고 하면서 집회 후 안수기도를 하겠다고 하였다.

그리고 집회 인도를 하려고 교회에 갔는데 여자라고 위 강단에 서지 말고 아래 강단에서 집회 인도를 하라고 했다. 나는 이렇게 여자라고 차별받을 때마다 "하나님! 여자가 되어 주의 일 못 한다 했는데 하라고 하셨습니다. 하나님 아시지요. 놀랍게 역사하셔야 합니다. 첫날부터 뒤집히게 하옵소서!"라고 기도하였고 이럴 때면 하나님이 더 놀랍게 역사하셨다.

첫날 저녁 집회가 끝나고 열병 걸렸던 가족들에게 기도해주려고 강단에서 내려오는데 누군가가 이 분들이 여자 강사라고 반대하던 분들이었다고 말해주었다. 그래서 나는 자존심도 있을 것이니 그들을 기도실로 데리고 오라고 하였다. 기도실에서 남자 집사님의 머리에 손을 얹고 기도하는데 완전히 낫는다는 확신이 왔다. 나는 손을 떼면서 나았으니 믿으라고 말하고, 젖먹이의 머리에 손

너는 복음을 전하다 오너라

을 얹고 기도했는데 또 완전히 낫는다는 확신이 왔다. 나는 역시 손을 떼면서 아이도 나았다고 말했다. 마지막으로 여자 집사님의 머리에 손을 얹고 기도를 하는데 반밖에 믿지 않는다는 것이 영의 눈으로 보였다. 그래서 왜 반밖에 안 믿느냐고 하면서 반만 믿으니 반만 낫는다고 말했다.

다음날 교인들에게 확인해 보니 남편과 아이는 나았고 아내는 반만 나았다고 했다. 그리고 집회시간에 이 분들이 나와서 간증하는 것을 들었는데 참 놀라웠다. 그리고 여자 집사님도 집회 마지막 날에는 완전히 나음을 입었다.

또 그 교회에 여자 강사를 반대하던 교역자 누님이 있었는데 그분은 목구멍이 아파 세브란스병원, 침례병원 등, 이 병원 저 병원에 다녔으나 치료비만 없애고 병은 더 심해져서 어쩔 수 없이 마지막 날 집회에 참석하였는데, 그날 밤 안수받을 때 깨끗이 나았다고 눈물을 흘리며 간증하는 말을 들었다.

이처럼 이번 집회에서 하나님께서 역사하사 큰 은혜를 베풀어 주셨다. 특히 마지막 날 밤은 하나님이 하늘 문을 여시고 하늘의 신령한 은혜를 소낙비 같이 퍼부어 주셨다. 은혜 못 받은 사람이 없었고, 천국과 지옥을 보고 온 사람들도 있었고 많은 사람이 방언하고 밤새워 간증하였다. 나도 밤새 같이 있으면서 그 간증들을 다 들었다. 마치 오순절 날 마가의 다락방과 같았다. 내가 여자라고 무시당할 때면 하나님은 이처럼 나를 더 능력있게 사용하시었다.

Chapter 6.

운봉산 기도원 사역
제1부

"너는 하늘에 보물을 쌓지 않고,
땅에다 쌓으려 하느냐?"

01.
기도원 개척을 생각하다

　　내 사명은 부흥회 인도하는 사명이지 기도원 사명
은 아니었다. 나는 일 년이고 이 년이고 계속 초청하는 교회에 가서
부흥회를 인도했다. 월요일부터 금요일 새벽까지 전국을 다니면서
부흥회를 인도하고 금요일엔 기도원으로 돌아왔다.

　그러다가 1972년에 숙장님께서 나에게 여자 고등성경학교 교장
직을 맡아 달라고 하셨다. 나는 순종하는 마음으로 교장직을 맡았
고, 이때부터는 토요일에도 여자 고등성경학교 학생들을 가르치게
되었는데. 이렇게 주의 일을 하는 것에 나는 참 만족했다. 내가 가르
치는 신학생들이 점점 말씀도 잘 전하고, 영적으로 성장해 갔다.
학생들이 은혜 가운데 말씀으로 무장되는 것을 보면서, 참 행복했
었기 때문에, 기도원을 개척하리라고는 꿈에도 생각하지 않았다.

　그리고 주님께서도 다른 동기 수도사들이 기도원 개척해 나갈
때 "너는 기도원 하러 가지 말라."고 친히 말씀하셨고, 그 이후에
또다시 기도원 개척을 하려고 할 때도 "한국 땅이 적으면 더 주마."
하고 두 번이나 말씀하셨다. 이러한 주님의 말씀 때문에 나는 계속

너는 복음을 전하다 오너라

용문산에 머물러 있으면서 학생들을 가르치고 부흥회만 인도했다.

그러나 내가 여자 고등성경학교 교장이 되고 좀 지나고부터 숙장님과 재정적인 문제로 이견이 생겼다. 그 당시 내 생각으로는 이해되지 않는 부분들이 발생하게 되었고 더는 교장직을 계속할 수가 없었다.

1974년 5월 1일 자로 용문산 여자 고등성경학교 교장을 사임했다. 언제인가는 당해야 하는 시련이라면, 더 늦기 전에 갈 길을 가자고 생각하면서 절대 후회하지 않기로 하였다. 그러나 내가 사랑하고 사랑하는 학생들과의 이별이 정말 고통스러웠다. 학생들이 몰려와 통곡하며 애원했지만, 나로서도 더 어찌할 수가 없었다.

내가 이북에서 사랑하는 어머님과 형제를 버리고 월남한 것은, 공산주의자들이 비인간적이라 사람들이 자유롭게 살 수가 없었기 때문이었다. 그래서 삼엄한 경계를 뚫고 목숨 걸고 월남했던 나였기에 "자유"라는 말을 생각만 해도 정감이 들고 희망이 솟았으며, 자유의 땅에 사는 나에게는 남들보다 자유가 특별했고 좋았다.

진리를 알지니 진리가 너희를 자유롭게 하리라"(요 8:32)는 말씀처럼 예수님을 믿어 진리를 앎으로 내 영혼도 또한 자유를 얻게 되었다. 이런 생각으로 나는 또다시 자유를 찾아 용문산을 나와 기도원을 개척하기로 하였다.

02.
천안 목천면 서흥리에
기도원을 개척하다

나는 부흥회 다닐 때 은퇴하면 와서 살기 위하여 충남 청원군(지금은 천안시) 목천면 서흥리 산골짜기에 5,000평가량 되는 조그마한 산을 사두었었다. 이곳에서 기도원을 개척하고자 1974년 5월 13일 서흥리 동네에 방 한 칸을 얻어 이사하고 주민등록도 옮겼다. 그 당시 동네에서 내가 사두었던 산까지 가는 데는 길도 없었고 논두렁길만 있었으며, 걸어서 15분 정도 되는 거리였다. 나는 매일 새벽 3시나 4시에는 산에 올라와 기도하고 5시 정도면 내려갔다. 동네 사람들은 산이 깊어 무서워 밤에는 아무도 올라가지 않던 곳이었으나, 용문산에서 연단 받은 내게는 아무렇지도 않았다.

그때 내가 다니던 논두렁길은 뱀이 휙 휙 지나다니던 길이었으나, 나는 뱀이 무섭지 않았다. 언젠가 용문산에서 전도 갔다 추풍령 20리 길을 걸어오다 목이 말라 물 마시려 샘으로 갔는데, 뱀 한 마리가 놀라 돌담 안으로 들어가고 있었다. 내가 쉿 쉿 하니까 안이 막혔

너는 복음을 전하다 오너라

는지 들어가다 말고 멈칫했다. 그때 나는 저 뱀을 그냥 두면 사람을 해칠 것이니 죽여야 한다고 생각하고, 그 자리에 사람들이 식사하고 버리고 간 신문지가 있어 그것으로 뱀 꼬리를 싸서 잡고 빼내는 데 어쩌나 힘이 센지 온 힘을 다해 당기니까 나오기 시작했다. 뱀 머리까지 다 끌어내면 머리를 돌려 나를 물 수가 있으니, 조금 끌어내고서 돌을 가져오게 해서, 몇 번 쳐 죽여 획 하고 수풀에 던지고 나온 일이 있었다.

성경 속에 나오는 삼손은 사자도 양을 찢듯 했는데 이것은 아무것도 아니라고 생각했다. 이처럼 나는 날마다 아침저녁으로 산에 올라와 기도하고 내려갔다. 하나님이 나와 함께하심으로 두려울 것이 전혀 없었다.

그렇지만 이 동네에 살면서 시내에 나가는 것이 힘들었다. 버스는 천안에서 목천 다리까지 오는데 하루에 한 번 있었고, 또 차에서 내려서도 동네까지 걸어야 했기 때문에 어려웠다. 나는 산에다가 먼저 기도실 겸 내가 살 수 있는 집을 건축하기로 하고 1974년 5월 22일 공사를 시작했다.

집의 형태는 일자로 하고, 8평, 세 칸 되는 집을 짓는데, 마을에서 짐을 지고 나르는 운반비가 3배 이상 들었다. 객지에서 처녀 혼자 일을 시키니 여간 어려운 것이 아니었다. 그러나 하나님께서 김○○ 집사, 김○○ 학생, 강○○ 학생 등을 보내주셔서 함께 일할 수 있도록 도와주셨다. 나는 새벽에 눈을 비비며 일어나 기도하고 종일 뛰어다니면서 밤늦게 일을 마치고 예배드리고 잤다.

03.
불순종과 영적 고통

내가 용문산에서 운봉산으로 기도원을 개척해 나
온 것이 아무리 생각해도 지각을 상실한 자 같았다. 무엇 때문에
험하고 짐승이 있는 적막강산에 혼자 와서 고생하며 살아야 하는가?
내가 하는 일이 옳은가? 생각하며 용문산으로 돌아갈까도 생각해
봤지만 다시는 돌아가고 싶지가 않았다.

운봉산 기도원에 내가 살 집을 짓고 처음으로 새로 지은 집으
로 이사하여 자려고 막 누웠는데 두 날개 달린 주의 천사가 나타나
"빨리 용문산으로 돌아가라 후회한다."라고 하였다. "나는 이곳에
머물고 돌아가지 않겠습니다."라고 대답하고 운봉산 기도원에 계속
머물렀다. 자유를 위해 왔는데 다시 돌아가서 얽매이고 싶지가 않
았다. 내가 돌아가기에는 너무 큰 마음의 상처와 아픔이 있었다. 주님
의 말씀에 불순종하면 벌이 있는 것을 알았지만 나는 돌아갈 수가
없었다.

그 이후로 나의 마음에는 항상 영적 고통과 괴로움이 말로 다
할 수 없을 정도로 있었다. 한마디로 표현하면 죽음과도 같았다.

너는 복음을 전하다 오너라

나는 날마다 해산의 고통을 하는 눈물의 기도를 드렸다. "나의 형편과 성격을 아시는 주여! 내가 주님을 버린 것이 아니지 않습니까? 또 주의 복음을 전하지 않겠다는 것도 아니지 않습니까? 이대로 끝날 수는 없지 않습니까? 나는 살아서 복음을 전해야 합니다. 나를 용서하시고 내 마음의 이 고통과 괴로움을 없애 주세요!"

이러한 고통 중에서도 집회 약속을 한 교회가 있어 취소할 수가 없는 상황이라 어쩔 수 없이 집회를 인도하러 갔다. 며칠 동안 하나님의 말씀을 겨우 전했고, 마지막 날이 되어 성도들에게 안수기도를 해 주어야 하는데 내 마음에 고통이 가득해서 안수할 수가 없었다.

그래서 나는 하나님께 절박한 마음으로 기도했다. "하나님 아버지! 성도들을 생각해서라도 나를 용서해 주세요!" 하고 부르짖고 부르짖을 때 내 마음에 용서하신다는 마음과 깊은 평안을 주셨다. 그래서 그때부터 다시 영적 자유로움을 얻어 지금까지 사역을 감당하고 있다.

만일 그때 내가 어렵고 힘들어도 주님의 말씀에 순종하고 용문산으로 돌아갔더라면 주님이 한국 땅뿐만 아니라 말씀대로 세계에 다니면서 복음을 증거하게 하셨을 것이다. 이러한 교훈을 얻은 후로 나는 어떤 상황에서도 주님의 말씀에 순종하려고 힘쓰며 살고 있다.

사무엘이 이르되 여호와께서 번제와 다른 제사를 그의 목소리를 청종하는 것을 좋아하심 같이 좋아하시겠나이까 순종이 제사보다 낫고 듣는 것이 숫양의 기름보다 나으니 이는 거역하는 것은 점치는 죄와 같고 완고한 것은 사신 우상에게 절하는 죄와 같음이라(삼상 15:22-23)

04.
두 번째 숙소를 지으려다
사기꾼을 만나다

운봉산 기도원을 개척하고 초기에 있었던 일이다. 나는 전라남도 해남 흑석산 기도원으로 집회 인도를 갔다. 집회를 인도하는 도중에 앞쪽에 앉아 있는 남자를 보는 순간 "저 사람은 많은 사람에게 해를 준 사람이니라."라고 성령께서 알게 하셨다.

그리고 어느 날 낮 공부가 끝난 후에 젊은 아주머니가 상담을 요청해 왔다. 대화하는 중 그분이 하는 말이 "우리는 신앙촌(이단 박태선 전도관)에 있었는데 거기서 마음에 맞지 않아 나왔다."라고 했다. 나는 그분의 말이 진실인 줄 알고 그분의 말에 동정했다. 그리고 집회 중 성령께서 내게 많은 사람에게 해를 준 사람이라고 한 그 사람(김씨)이 아주머니의 남편임을 나중에 알았다.

그 집회를 다 끝내고, 청주 어느 교회에 가서 집회하고 우리 기도원에 돌아오려고 천안역에서 내렸다. 그런데 흑석산 기도원에서 만난 그들 부부가 이곳에서 나를 반갑게 맞이하였다. 나는 깜짝 놀라 어떻게 여기를 왔냐고 물었더니 흑석산 기도원에서 원장님 말씀에 은혜받고 좋아서 우리 기도원으로 왔다가 마중 나왔다며, 내 짐을 들어주면서 운봉산 기도원이 너무 좋으니 여기서 살게 해 달라고 하였다. 나는 일꾼이 필요했던 터라 그러면 그렇게 하라고 했다. 하나님께서 해남 흑석산 기도원에서 그 남자가 어떠한 사람임을 가르쳐 주신 것은, 조심하라고 한 것인데, 깜빡 잊어버렸던 것이었다.

그들이 오고 약 보름 정도 지난 후에 있었던 일이다. 기도원 입구에서 언덕을 올라오면 내가 사는 집 밑에 공터가 있어, 그곳에 집을 지으려고 천안 건축자를 불러 건축비 견적을 뽑았더니, 85만 원이라고 했다. 그러면 집을 짓겠다고 구두계약을 하고서 그날은 건축자를 돌려보냈다.

그리고 며칠 후 1974년 10월 초 서울 가기 위해 기도원을 나서는데 공사 모래가 들어오고 있었다. 아직 구두계약만 했는데 어찌된 일인가? 생각하고 시간이 없어 자세히 물어보지 못하고 서울로 갔다.

그날 밤 내가 잘 아는 서울 황 집사님 집에서 잠을 자는데 커다란 남자의 목소리로 "너는 속고 있다."라는 소리가 들려왔다. 나는 즉석에서 일어나 이 층으로 올라가 엎드려 "주여 무엇을 속고 있습니까? 하나님 아버지 가르쳐 주세요!" 기도하면서 내 몸과 마음은 벌벌 떨렸다. 그런데 그때 환상이 활동사진 같이 지나갔다. '김 씨가 내 도장을 만들어 동네에서 내 이름으로 빚을 내었다.' 그리고 모래도 거짓이라고 했다.

너는 복음을 전하다 오너라

다음날은 내 생일이라 황 집사님이 생일상을 잘 차려 주셨지만 나는 마음이 급해 아침 식사도 제대로 못 하고 빨리 기도원으로 돌아왔다. 기도원에 도착하여 사실을 알아본즉, 김씨가 나 몰래 다른 업자에게 110만 원에 구두계약을 하였고, 내게는 거짓 계약서를 보여주면서 계약금이 30만 원인데 자기가 우선 지급했다는 것이었다. 그리고 모래도 우리 동네에서 11킬로 정도 떨어진 동네의 하천에서 가져와서 일부러 공사업자가 가지고 온 것처럼 나를 속인 것이며, 또 하나님이 활동사진으로 보여준 환상처럼 동네에서 기도원 공사를 핑계 삼아 내 이름으로 몇 사람에게 돈을 빌려 갔던 것이었다.

나는 바로 김씨를 기도원에서 나가게 하였고, 동네 사람들에게 빌린 돈은 대신 갚았다. 그는 이미 돈을 다 써버리고 없었기 때문이었다. 하나님께서 여자라 아무것도 모르는 나에게 계시해주셔서 큰 손해를 보지 않게 해 주셨다.

이처럼 나는 하나님이 지켜주시고 도와주시지 않았다면 아무것도 할 수 없었을 것이다. 세상 물정도 전혀 모르는 여자 혼자서 무엇을 할 수 있었겠는가? 모든 것이 오직 하나님의 도우심으로 이루어진 것을 지금도 고백한다,

감추인 것이 드러나지 않을 것이 없고 숨긴 것이 알려지지 않을 것이 없나니(눅 12:2)

05.
사막이 없는 오아시스

1975년 5월 19일 밤 꿈에 박연님 수도사, 이정자 수도사, 이옥란 수도사, 문정애 수도사, 김필교 수도사가 나를 위로한다고 우리 기도원에 왔다. 박연님 수도사가 나에게 "언니 여기를 무어라 하지요?" 하고 묻는다. 나는 서슴지 않고 "하이웨이"라고 대답했다. 이 말은 성령으로 한 말이었다. 내 말을 듣자 박연님 수도사가 그럼 이대로 노래 부르자며, 전부 '하이웨이'로 노래를 불렀다. 노래를 부르는 도중에 김필교 수도사가 성대가 높았으므로 나는 그를 흔들며 조금 저음으로 부르라고 했다. 이때 동네 청년들이 휘파람을 불며 지나가면서, 우리를 가르치며 "저 사람들은 사막이 없는 오아시스"라고 하며 지나갔다. 나는 이때 정신이 들며 깨어났다.

이 두 가지를 생각해 보니 하나는 영어로 "하이웨이"는 높은 길이라는 하늘 가는 길이며, "오아시스"는 사막 가운데서 샘이 솟고 초목이 자라는 곳이다. 우리 기도원은 많은 영혼을 생명의 길로 인도하는 곳이며, 또 사막같이 메말라 있는 영혼들에 마르지 않는 생수

너는 복음을 전하다 오너라

의 강물을 마시게 하는 곳이라는 생각이 들었다.

창세기에서 야곱이 천사와 사다리를 꿈에 보면서 하나님의 언약을 받았고 요셉도 꿈으로 미래를 받았던 것처럼 하나님이 기도원을 시작한 나에게도 꿈으로 미래를 언약해 주신 것이었다.

06.
기도 잘못하고 죽을 뻔함

　　"주여 의지 없을 때 나를 도와주세요! 만약 내가 능력이 다 떨어지고 또 늙어 병이 들면 어찌하겠습니까? 사람들은 있다가도 갈 곳 있으면 다 가버립니다. 그러므로 사람을 믿을 수가 없습니다. 믿을 것은 오직 주님뿐입니다. 주님 내가 어려운 처지에 처할 때 나를 잘 지켜주세요! 사랑하는 제자에게 어머님을 맡기듯이 나도 주님 사랑하는 자에게 맡겨주세요! 나는 결혼을 하지 않았으니 혈육 자식이 없지 아니합니까? 예수님께서는 내가 이런 말을 하면 믿음 없다 하실지 모르지만, 바울 사도가 육은 육이요 영은 영이라 하지 않았습니까? 영의 주님께 내 영이 일하며 살아가는데 부족함이 없게 해 주시기를 구하는 것입니다."

　　막상 기도원 개척한다고 나왔지만 돕는 손길도 물질도 없고, 여자 혼자 혈혈단신으로 시작했으니 너무나 힘들고 어려웠다. 또 여기에 교통까지 나빠 발전의 기미도 보이지 않고 미래가 없어 보였다. 무엇이나 단번에 되는 것은 아니지만, 마음먹은 대로, 해야 할 일들을 못 하니 내 마음은 적막강산이었고, 견디기가 참으로 힘들고 고독하여 감사도 떨어졌다. 그러나 이럴 때도 내 마음을 주님께 호

너는 복음을 전하다 오너라

소하는 길밖에 없었다. "주님께 호소합니다. 나를 데려갈 날은 멀었습니까?. 주님을 위해 산다는 것이 울리는 꽹과리 같습니다. 이것이 더 고독하네요. 그렇다고 엘리야와 같이 능력이 있습니까? 모세같이 위대한 일을 합니까? 집사, 권사보다 못 하구나 할 때가 많습니다. 가치 있는 일을 할 때 보람과 낙이 있는 것 아닙니까? 이곳을 떠날 수도 없고 머물기가 힘듦을 알지 아니하십니까? 이곳 처지를 아시는 주여, 불쌍히 여겨주옵소서."

내가 이 기도를 하고 다음 날(1975.5.14.) 일어난 일이었다.

손수레에 대한 상식도 없던 내가 공사용 자재를 실은 손수레를 끌고 경사가 심한 내리막길을 평지처럼 앞에서 끌며 내려가는데 순식간에 손수레가 나보다 속력이 더 나면서 나를 덮쳤다. 나는 순간 감당할 수 없어 주저앉아 피했는데 다행히 손수레는 아슬아슬하게 나를 스치면서 언덕으로 굴러떨어졌다. 팔만 조금 스쳤지 다치지는 않았다. 정말 다행이었다. 내리막길에서는 손잡이를 뒤에서 끌면서 내려가야 하는데 나는 그것을 몰랐던 것이었다.

이때 내 마음속에 어제 내가 기도할 때 '나를 데려 가시오! 언제 데려가십니까?'라고 죽겠다는 말을 해서 그렇다는 생각이 들었다. 나는 바로 "주여, 성령을 근심시키지 말라 했는데 성령을 근심시켰습니다."라고 회개하면서, 다시는 '데려가라는 말도 또 언제 갑니까?'라는 말도 하지 말아야겠다고 다짐했다.

나에게는 생사의 권리가 없다. 다만 내가 할 말은 **"주의 뜻대로 하옵소서!"**라고 할 것뿐인 것이다.

07.
비를 멈추는 기도

1975년 5월 중순에 숙장님과 이정자 수도사님을 강사로 모시고 운봉산 기도원 개척 첫 집회를 열었다. 성전도 아직 건축하지 않은 때라, 야외에 천막을 치고 집회를 하고 있었는데, 마지막 날 비가 억수같이 왔다. 천막은 여기저기 구멍이 나서 비가 새고, 집회는 계속해야 하고 어찌할 바를 몰랐다.

나는 방에서 비를 그치게 해달라고 기도했다. 일어섰다 앉았다 이리 뒹굴고 저리 뒹굴어가며 나의 몸과 마음을 다해 전심으로 부르짖으며 기도했다. 예배시간이 가까이 오자 나는 비를 맞으며 천막으로 갔다. 그리고 천막 앞에 서서 비를 멈추게 해달라고 하나님께 부르짖고 또 "예수의 이름으로 명하노니 비야 멈추어라"라고 호령했다. 예배시간 전까지 멈추라고 죽을 각오로 기도하며 비를 향해 명령했다. "네가 나를 사랑하느냐?"는 성경 말씀을 인용하면서 간절히 "내가 주를 사랑합니다. 내가 주의 양을 먹일 것이니 비를 멈추어 주시옵소서!" 있는 힘을 다하여 기도하였더니 예배시간 5분 전에 거짓말같이 비가 뚝 그쳤다. 일기예보 상은 분명히 비가 온다고 했지

너는 복음을 전하다 오너라

만, 하나님께서 나의 간절한 기도를 들으시고 비를 멈추어주신 것이다. 진정 살아계신 나의 하나님이신 것이다.

강사인 숙장님께서 처음에는 집회를 탐탁하지 않게 생각했으나 뜻밖에 성도들이 많이 모여서 감탄하셨다. 교통도 안 좋은 이 골짜기에 얼마나 올까? 걱정을 많이 했는데, 온양, 직산, 홍성, 묵호, 병천, 덕산, 부산, 서울, 여수, 김천 등지에서 많은 분이 왔으며, 이렇게 좋은 산을 어떻게 택했느냐? 들어오는 길은 십자가 지고 가는 골고다같이 고통스러운 길이나, 이 고통이 은혜와 진리와 축복으로 변했다고 했다.

이렇게 첫 집회가 여러 가지 어려움 속에서도 하나님의 은혜 가운데 성황리에 끝이 났다. 특히 기억나는 것은 이웃에 있는 서흥감리교회 교역자님들과 성도님들의 봉사와 헌신이다. 유 전도사님과 전 교인들이 천막 칠 터를 닦아 주고 천막도 쳐주셨다. 그리고 박복한 권사님은 용문산 고등성경학교에서 공부도 좀 하셨고 자녀도 없으셨는데, 동생 집에 살면서 오직 예수님만 사랑하시며, 섬기는 서흥교회를 위해 자신을 전부 바치신 분이셨다. 박 권사님은 교회의 일도 하시고, 또 우리 운봉산 기도원 일도 몸 사리지 않고 자기 일같이 헌신적으로 해 주셨다. 지금도 그때 그분들을 생각하면 감사하기 그지없을 뿐이다.

08.
54평 교회 건축

　　기도원 첫 집회를 끝내고 성전을 짓기 위하여 기도로 준비하고 있었는데, 서울 황숙영 집사님께서 100만 원을 헌금해 주셨다. 그래서 총공사비에는 모자라지만 이 100만 원을 가지고 공사를 시작했다.

　1975년 6월 30일부터 시멘트를 운반해오고, 7월부터는 블록을 운반하기로 하고, 목수는 7월 10일부터 일하기로 하였다. 성전 기초를 파는데, 상수리 교회 장로님, 한경남 청년, 여수 권사님의 아들 최윤식, 서홍교회 이병희 전도사 등 4명이 수고를 많이 했다. 장마철이라 일을 하는 데 지장이 많았으며, 아직도 찻길이 없던 때라 모든 공사 자재들을 동네에서 기도원까지 지게로 지어서 날라야 했다. 동네 사람들을 사서 자재를 운반했는데, 시멘트는 한 번에 한 포씩을 졌고, 여섯 포를 운반하면, 하루가 다 지나갔다. 블록, 모래 등 자재를 운반하는 비용이 많이 들고 시간이 오래 걸렸다.

　이러한 관계로 기초도 모래와 시멘트를 많이 넣지 못하고 튼튼

너는 복음을 전하다 오너라

하게 할 수가 없었다. 나는 인건비와 자재비에 심장이 뛰고 또 쏟아지는 빗소리에 심장이 뛰었다. 어떤 때는 심장이 너무 뛰어 잠깐 안정을 취하려고 가슴을 방바닥에 대고 있었다. 이럴 때 강한 성령의 불이 내게 임하여 심장 뛰는 것을 물리쳐 주시기도 했다. 동풍으로 홍해 바닷물을 물리치듯 성령의 불로 물리쳐 주셨다.

블록을 쌓기 시작하려는 날 아침에 하늘이 캄캄해지며 비가 오려 하는 것이었다. 나는 그때 일군들을 구하느라 천안 가서 자고 막 기도원으로 출발하려 하는데 빗방울이 떨어졌다. 나는 방에서 하나님께 간절히 기도드렸다. "하나님 오늘부터 블록을 쌓기 위해 일꾼을 사서 보냈는데 비를 주면 어떻게 합니까? 비를 멈추어주세요! 안 그러면 나는 서울로 갈 겁니다. 하나님! 예수님!"하고 울며 부르짖었다. 그래도 비가 계속 오길래 서울로 가려고 출발하는데, 비가 멈추었다. 나는 다시 빨리 기도원으로 들어왔고 며칠 만에 블록을 다 쌓았다.

그런데 일꾼들이 이제 비가 와야 한다는 것이었다. 만일 비가 안 오면 강도가 약해 무너질 확률이 높다고 했다. 그래서 나는 또 하나님께 부르짖었다. "비 주세요! 여기는 수돗물도 없어요. 어떻게 저 높은 곳에 물을 뿌립니까? 하나님 비를 주세요! 비를 주세요!" 온종일 기도드렸다. 무엇이나 예수 이름으로 구하라 하신 예수님의 말씀을 붙잡고 간절히 기도했더니, 비가 내리기 시작하는데 굵은 빗줄기로 2일간이나 흡족하게 내려 주셨다.

얼마나 감사한지 감격은 말할 수 없었다. 엘리야의 하나님이 바로 나의 하나님이 되는 순간이었다. 이처럼 나는 어린이와 같이 순간순간 모든 일에 오직 주님만 의지하며 살아왔다

엘리야는 우리와 성정이 같은 사람이로되 그가 비가 오지 않기를 간절히 기도한즉 삼 년 육 개월 동안 땅에 비가 오지 아니하고 다시 기도하니 하늘이 비를 주고 땅이 열매를 맺었느니라(약 5:17-18)

너는 복음을 전하다 오너라

09.
기도하고 능력 받아 목회한 목사님

우리 기도원은 많은 주의 종이 와서 기도하여 능력을 받고 내려갔다. 내가 김경자 수도생과 같이 전기도 없이 살고 있었던, 1977년 1월 초 어느 날 밤 10시 30분쯤에 밖에서 문을 두드리며 자신이 병천감리교회 권오상 전도사라고 하면서 문을 열어달라는 소리가 들렸다. 병천감리교회 전도사는 내가 아는데 그 이름도 목소리도 아니었다. 문을 조금 열어 밖을 보니 군복에 야전잠바를 입고 조그만 가방을 하나 멘 젊은이가 문간에 서 있었다.

그 당시는 무장공비가 나타나 전국에 비상이 걸려 있었고 특히 내가 살고 있던 충청도 지역이 공비가 지나갈 길목으로 예상되어 주의하고 있던 때였다. 그런데 한겨울에 길도 없는 우리 기도원을 한밤중에 올 사람도 없거니와, 밖에 있는 사람은 내가 아는 병천감리교회 전도사의 모습도 목소리도 아니었다. 그런 데다 군복을 입은 것을 보니 혹시 공비가 아닌가 하는 생각이 들어 무서워서 문을 열어줄 수가 없었다. 밖에서는 여전히 문을 두드리며 병천감리교회 권오상 전도사니 문을 열어 달라고 하였다.

이렇게 한 20분 정도가 지나고 나서 생각해 보니 공비는 아닌 것 같았다. 공비라면 벌써 무력으로 무슨 짓을 했을 것이기 때문이었다. 문을 열고 들어오라고 했고 그분은 들어와 자기소개를 하였다. 한 달 전에 병천감리교회에 부임한 권오상 전도사라고 하면서, 군에서 육군 대위로 전역을 하면서 바로 병천감리교회 전도사로 부임해 왔지만, 경험도 없는 초년병 목회자로서는 감당하기 어려운 교회의 영적 상태, 즉 귀신들린 사람들이 있는데 자기의 능력으로 감당이 되지 않았다는 것이다.

그리고 여기 오기 전에도 사택에 귀신들린 한 사람을 거의 묶어 놓다시피 하고 며칠째 기도하고 있었지만, 능력의 한계를 느껴서 하나님께 기도하기 위해 이렇게 한밤중에 운봉산 기도원을 도로변의 간판만 보고 찾아오게 되었다는 것이었다.

그러면서 자기는 3일을 금식한다며 나에게도 같이 금식기도를 해달라고 하였다. 나는 그러겠다고 말하고는 숙소로 안내해 주었다. 사실 나는 철야는 잘해도 금식은 정말 못하기 때문에 대답은 했지만, 걱정이 앞섰고, 애를 썼지만, 이틀 금식밖에 못했다. 전도사님은 3일 동안 금식기도를 했고, 마지막 3일째 눈이 내리는 밤에 성전 앞 언덕 밑에 있는 평평한 바위에서 기도하다 하나님의 능력을 받고 할렐루야! 감사하며 하산했다.

전도사님이 기도원에서 내려간 후 교회 사택에 있던 사람도 예수의 이름으로 귀신을 쫓아냈고, 교회의 다른 귀신들린 사람들의 문제도 다 해결 받았다.

너는 복음을 전하다 오너라

또 그해 추석 명절날이 전도사님의 아버님 생신이라 천안 가까이에 있는 성환으로 아버님을 뵈러 갔었는데, 추석날 아침 교회에 무슨 일이 생긴 것 같은 느낌이 들어 바로 병천으로 돌아왔더니 교회 집사님이 귀신이 들려 옷을 다 벗고 병천시장 바닥을 휘저으며 소동을 부려서 교인들이 간신히 집에 억류해 놓았는데 전도사님이 온다는 말에 하나님의 종이 온다며 무서워 떨며 이불을 뒤집어쓰고 있더라는 것이었다.

전도사님은 그 귀신들린 집사님을 교회로 데리고 가서 교인들과 함께 찬송하며 예배를 드렸다. 전도사님 옆에 군에서 막 제대한 총각 집사가 있었는데 이 총각 집사가 전도사님을 따라서 귀신들린 집사님에게 "예수의 이름으로 명하노니 귀신아 나가라."고 하자 집사님 속에서 귀신이 "내가 예수도 알고 하나님의 종도 아는데 너는 누구냐?"며 입속의 가래를 그 총각 집사의 얼굴에 확 뱉더라는 것이다.

그날 전도사님이 집사님에게 예수의 이름으로 귀신에게 나가라고 명하자 집사님이 나뒹굴면서 귀신은 떠나갔고 한참을 자고 일어나서 회개하고는 다음과 같은 간증을 하였다고 한다.

집사님이 추석 전날 잘 때 가위에 많이 눌렸으며 아침에 일어나 밥을 하려고 보니 쌀독에 쌀이 없더라는 것이다. 그래서 성미 떠논 것이 생각나서 우선 먹고 나중에 채우기로 하고 성미로 밥을 해먹고는 잠시 잠이 들었는데, 비몽사몽 간에 까만 두루마기를 입은 영감이 배고프다며 밥을 달라고 하기에 밥을 차려서 그 영감에게 주었는데, 그 순간부터 자신은 아무것도 모르게 되었다는 것이었다.

이처럼 전도사님은 금식기도하고 능력 받아 목사 안수받은 후 가는 곳곳마다 능력 있게 목회 사역을 잘 감당하셨고, 특별히 사명자를 발굴하는 사역에 은혜를 받아 목회 사명자를 찾아 신학을 시켰고, 선교사 사명자를 발굴하여 훈련해 파송하는 사역에 전념하는 목회를 하셨다.

목사님은 약 8년 전에 목회 후반기를 군선교에 전념하기 위해 목회현장을 군선교 현장으로 옮겨 지금은 공군 용인기지 창공교회에서 장병들의 영적 삶을 위해 헌신하고 있다.

목사님은 그 후 운봉산 기도원을 야곱이 하나님을 만난 벧엘로 여기며 영적 곤고함을 느낄 때마다 찾아와 그 옛날 만나 주시던 하나님 앞에 기도하며 남은 사역을 잘 감당해나가고 있다.

너는 복음을 전하다 오너라

10.
기도원의 길이 딱이다

나는 운봉산 기도원을 개척한 얼마 후부터 길 때문에 항상 기도하며 길을 구했다. 그러던 중 1976년 12월 28일 서천 교회서 집회를 인도하고 있는데, 주께서 나에게 "운봉산 기도원에 길이 닦이는 획기적 역사가 일어나리라."라고 말씀하셨다.

그리고 주님의 말씀처럼 다음 해인 1977년 3월부터 시작하여 4월 12일에 마을에서 우리 기도원까지 3m 비포장 길이 완공되어 차가 다닐 수 있게 되었다. 그때는 전국에 새마을 운동이 한창일 때였고, 마을 길 넓히기 운동도 벌어진 때라 마을에서 1킬로 이상 떨어진 외딴 우리 기도원까지도 길을 만들게 해 주셨다.

이때 이장님을 비롯한 우리 동네 분들이 참으로 수고를 많이 하셨다. 중장비도 없을 때라 전부 손으로 해야 하는 힘든 일이었는데도, 모두 내 일처럼 잘해 주셨다. 지금도 고마운 마음을 금할 길 없다. 내 힘으로는 돈이 없어 길을 낼 수 없었거니와, 돈이 있다 해도 길 낼 땅을 살 수 없는 실정이었으나, 하나님께서 새마을 운동을 이용하여 돈도 들이지 않고 길을 내주신 것이다.

길은 났으나 이 길은 농로였기에 차가 다니기에는 어려움이 많았다. 좁은 비포장이어서 비만 오면 웅덩이가 생기고 물에 쓸려나가기가 일쑤였다. 이 때문에 우리 기도원에 오는 차량 중 고장이 나는 경우도 많았다.

그래서 동네에서 기도원까지는 주로 경운기를 이용했다. 경운기는 기도원까지 무거운 짐들을 운반할 수 있어 너무나 좋았고, 무엇보다 공사자재를 들여올 때가 가장 좋았다.

나는 몇 년 후 땅을 1미터씩 사서 길을 4m로 넓혔으나, 경사진 비포장이므로 여전히 차가 다니는 데 지장이 많았고, 동네를 지나서 와야 해서 여러 가지 장애물도 있었고, 길이 좁아 큰 차는 여전히 다닐 수가 없었다.

나는 길을 놓고 다시 본격적으로 기도하기 시작했다. "하나님 아버지 좋은 길, 직선 길을 주세요! 동네 거치지 않고 큰 길에서 기도원으로 바로 오는 포장길을 주세요! 큰 차도 다닐 수 있는 넓은 길을 주세요!" 내가 이렇게 기도하던 어느 날 기도 중에 하나님이 "나는 아래서 길을 해 올라갈 테니, 너는 위에서 내려오너라."라고 하셨다.

그리고 얼마 후 동네 앞 논이 경지정리가 되면서 큰 길에서 1Km가 조금 넘는 우리 기도원 입구까지 6m 2차선 아스팔트 직선길 포장길이 생기게 되었다. 물론 나도 우리 기도원에서부터 기도원 입구까지 남은 200여 미터 구간을 시멘트로 포장했다. 이때부터 대형버스, 레미콘 차량, 트럭도 다닐 수 있고, 포장도로라 비가

너는 복음을 전하다 오너라

와도 전혀 문제가 없었다.

　나의 오랜 염원을 하나님이 또 이루어 주신 것이다. 이제는 경부 고속도로 목천 톨게이트에서 6분 정도면 우리 기도원까지 올 수 있게 되어 참으로 편리하게 되었다. 이 모든 것을 통해 내가 깨달은 것은 우리가 기도하면 하나님은 반드시 이루어 주시지만, 때가 있으므로 인내하고 기다려야 한다는 것이었다.

범사에 기한이 있고 천하 만사가 다 때가 있나니(전 3:1)

11.
노후와 미래를 주님께 맡기다

기도원 개척한 지 3년 정도 되었을 때, 어느 날 내가 좋아하던 서울에 사는 여전도사에게서 전화가 왔다. 원장님은 혼자 사시니 돈이 있어야 한다면서 계를 들어 줄 테니, 몇십만 원 보내 달라고 했다. 모자라는 돈은 자기가 보태겠다고 하여 나는 주의 말씀도 생각해 보지 않고, 하나님께 물어보지도 않고, 내게 있던 50만 원 전부를 보냈다.

그런데 돈을 보내고 난 후부터는 영계가 열리지 않고 캄캄해졌다. 기도하면 신령한 세계가 열려야 하는데 열리지 않았고, 주님과의 교제가 이루어지지 않았다. 기도해도 벽을 치는 것과 같았고, 마음이 답답하여 어찌할 바를 몰랐다. 날마다 주님과 교통하며 하늘의 신령한 은혜를 마시며 살았는데, 주님과의 교통이 이루어지지 않으니 내 영혼이 메마르고 답답해 견딜 수가 없었다.

이렇게 보름 정도 지난 어느 날 서울에서 집사님들이 기도하러 오셨는데, 문제들을 가지고 와서 하나님의 응답을 받아 달라고 했다. 나는 3일 동안 기도를 했지만, 여전히 영계가 캄캄하여 아무 응답도

너는 복음을 전하다 오너라

받지를 못하였다. 3일째 집사님들이 서울로 내려가는 날이어서, 나는 그분들에게 아무 응답도 못 받았으니, "오늘은 그냥 가세요. 며칠 기도하고 응답받으면 말씀드리겠습니다."라며 돌려보냈다.

집사님들이 내려간, 그날 밤 저녁 예배를 드리고 나서 나는 강단에 누웠다. 그리고 "주님 왜 응답을 안 해 주십니까? 내가 무엇을 잘못했습니까? 내가 잘못한 것이 있으면 말씀해 주세요! 제가 고치겠습니다. 예수님 왜 그러세요. 노하셨나요? 왜 응답도 안 주시고 교인들에게도 은혜를 베풀지 않습니까? 기도원에 온 성도님들에게 주께서 은혜를 베풀어 주셔야 했는데 은혜도 베풀지 않으시고…"라고 하면서 항의 조로 기도를 하고 있었다.

이때 내 마음에 서울 전도사의 말을 듣고 계를 든 생각이 났다. 그래서 "나는 하나님께 계 든 것 때문에 그러시나요?"라고 묻는데 갑자기 영계가 확 열렸다. "나는 바로 주님 알았습니다. 내일 당장 해약하겠습니다."라고 말씀드렸다.

다음날 서울 전도사에게 전화해 그동안의 자초지종을 이야기하고서 돈을 돌려받아, 그 돈으로 성전 페인트칠을 하였다. 내 마음도 좋아졌고, 성전도 깨끗해져 참으로 좋았다. 그때부터 나는 나의 미래나 노후를 위해 돈을 모아두지 않는다. 미래나 노후는 오직 주님께 다 맡기고, 그때마다 주님께 드려 주님을 위해 사용하고 있다.

이런 일이 있고 난 후 몇 년이 지나고 내가 잘 아는 혼자 사시는 분이 자기는 노후를 위해 3천만 원을 준비한다고 했다. 나는 그 말을 듣고 나도 그래야겠다고 마음먹고 하나님께 '노후를 위해서 3천만 원을 주세요!' 라며 기도했다. 그런데 아무리 기도해도 응답이 없었다.

그러던 어느 날 기도 중 주님이 내게 "3천만 원으로 어떻게 너의 노후대책이 될 수 있겠느냐? 내가 너의 노후대책이니라."라고 말씀하셨다. 그 말씀을 듣고 생각해 보니 주님의 말씀이 맞는 것이었다. 어찌 3천만 원으로 내 노후가 보장될 수 있겠나? 그래서 그 뒤로 노후를 걱정하지 않고, 나의 노후도 되시고 모든 것 되시는 주님만 더욱 의지하며 살고 있다

너희 염려를 다 주께 맡기라 이는 그가 너희를 돌보심이라(벧전 5:7)

너 는 복음 을 전하다 오너라

12.
연탄가스로 죽을 뻔함

1978년 11월 3일 어느 집사님께서 난로를 사 준 다기에 서울로 갔다. 마침 그 집사님의 딸이 이사해 그곳에 가서 예배도 드리고 그곳에서 잤다. 초저녁부터 잠을 자고 새벽 1시쯤 기도하려고 일어나 기도를 시작하는데, 이상하게 정신이 흐려지고 의식이 가물거렸다. 바로 그때 성령께서 나에게 **"너는 하늘에 보물을 쌓지 않고, 땅에다 쌓으려 하느냐? 내가 네 생명을 데려가리라."** 라고 말씀하셨다. 나는 육체에 힘이 빠지고 정신이 아물거려 일어날 수도 없고, 어디를 붙잡을 수도 없고, 호흡도 점점 곤란해지면서 죽을 것만 같았다. 이때 또 영계가 열리면서 천국이 보였는데, 너무나 좋고 기뻐서 천진난만한 아기 같은 마음이 들었고, 너무나 좋아서 세상 것에 어떤 미련도 생기지 않았다.

그러다 다시 정신이 들면서 여기서 내가 죽으면 어찌하나 염려가 되었다. 나는 겨우겨우 기어 이 층으로 올라가 자는 집사님을 깨웠다. 놀라 잠에서 깨어난 집사님이 한밤중에 어머니를 부르고, 또 마침 서울 와 계시던 나운몽 장로님까지 불러서 기도를 받고 하여튼 난리가 났었다. 나중에 알고 보니 내가 잔 방에 연탄가스가 새어 들어온 것이었다.

그 전날 우리 동네 옆 서흥감리교회에 시무하던 허 전도사가 감나무에 떨어져 병원에 입원해 있어, 심방을 갔다가 서울로 올라갔었다. 가까이 사는 허 전도사는 평상시에도 우리 기도원에 자주 오셨고 여러 모양으로 나를 많이 도와주신 분이었다. 그리고 그분은 시골교회 전도사라 재정도 넉넉지 못하고 어려운 형편이었다. 그래서 나는 병문안 하면서 적은 돈이라도 병원비에 보태라고 좀 드려야 한다는 마음을 먹고 갔다. 그런데 병원에 가서 생각이 바뀌었다. '나도 앞으로 돈 쓸 일이 많은데, 나도 넉넉지 못한데'라는 마음이 나를 사로잡아 돈을 주지 못하고 그냥 왔었다.

그래서 간밤에 주님이 나에게 "너는 보물을 땅에다 쌓으려 하느냐?"라고 하신 것이다. 그때는 나도 개척할 때라 남을 도울 마음의 여유도, 물질의 여유도 없었다. 그런데도 주님은 이번 일을 통해서 나에게 '네 이웃을 네 몸과 같이 사랑하라'고 가르치신 것이었다. 말로만이 아닌 행함으로 사랑을 나누라고 말씀하신 것이다.

나는 나의 잘못을 회개하고 그 뒤로는 사랑을 나누며 살려고 노력했지만, 지금도 뒤돌아보면 참 부끄러울 뿐이다. 나는 하나님과의 관계는 잘했지만, 이웃과의 관계는 부족함이 너무 많았음을 고백하지 않을 수 없다. 그래서 이제 남은 삶은 이웃도 사랑하며 살아야 한다며 다짐하고 있다.

그러므로 사람이 선을 행할 줄 알고도 행치 아니하면 죄니라(약 4:17)

너는 복음을 전하다 오너라

13.
불면증 환자와
소화불량 환자가 고침 받음

　　　　　1978년 7월 초에 불면증으로 잠을 자지 못하는 여자 환자분이 왔다. 병원에 입원해 있다가 어느 사모님의 소개로 우리 기도원에 왔다고 하였다. 불면증으로 잠도 못 자고, 식사도 못 하고 병원에서 영양제를 맞고 살았으며, 병을 고치려고 이 병원 저 병원으로 많이 다녔지만, 치료를 못 받았고 치료비로 집만 한 채 날렸고 이제는 살 희망도 가질 수 없어 죽을 날만 기다리고 있다고 했다. 남편은 조그만 사업을 하고 있고, 슬하에 아들(영진) 하나가 있고, 자신은 조산원(산파)면허증도 가지고 있다며 자기가 죽으면 그 면허증을 관에 넣어 달라고 하였다. 그리고 또 아버지가 목사님으로 순교자 집안이었지만, 자신은 신앙생활을 하지 않고 있다고 했다.

　나는 그분에게 먼저 예수를 믿으라고 하면서, 예수님은 우리가 믿고 그분의 이름으로 구하면 어떤 병이라도 다 고쳐 주시는 분이시라고 말하면서, 성경에 병 고침 받은 이야기들을 해 주고 또 내가 병 고침 받은 간증도 해 주면서 아침저녁 예배에 참석하라고 했다. 그분은 나의 말을 겸손하게 받아들였다.

나는 우리 어머니를 닮아 잠을 잘 잔다. 우리 어머니는 누구하고 이야기하다가도 스르르 눈을 감고 주무셨다. 물론 많은 식구의 식사와 가사를 돌보기에 피곤해서 그렇겠지만 잘 주무셨다. 우리 어머니처럼 잠 잘 자는 나는, 잠 못 자는 그분의 고통을 이해할 수 없었지만, 참으로 사정이 딱하고 안타까웠다. 나는 하나님께 그분을 치료해 주셔서 잠도 잘 자고, 식사도 잘할 수 있게 해달라고 아침저녁으로 예배시간마다 간절히 기도했다.

4일이 지나고 그분이 하는 말이 다른 곳에 있을 때는 한 시간도 못 잤는데, 여기 오니까 잠이 조금씩 온다며, 첫날 한 시간 정도 잤고, 매일 잠을 더 많이 잤으며 4일 밤은 4시간이나 잤다고 했다. 이처럼 하루하루가 달라지기 시작하더니 10일 정도 되어서는 식사도 잘하고 잠도 정상적으로 주무셨다. 능치 못함이 없으신 전능하신 하나님께서 이 분을 치료해 주셨구나! 이 분을 예수 믿게 하려고 이러한 질병을 주신 것이며, 의인의 자식은 망하지 않는구나! 라는 생각이 들었다.

그 뒤 그분은 너무너무 좋아하시며, 기념으로 우리 기도원에서 키우라고 염소를 사 주고 가시면서 계속 눈물을 닦았다. 나는 "영진 엄마, 예수 잘 믿으라요! 또 오시라요!"하며 아쉬운 작별을 했다.

영진 엄마가 불면증이 재발했다며 몇 달 만에 다시 왔다. 그리고 영진 엄마가 온 다음 날이었다. 우리 동네는 교회가 없으므로 우리

너는 복음을 전하다 오너라

기도원에서 신앙생활 하는 동네 집사님이 있었는데, 그 남편이 밤 9시경에 급하게 기도원으로 올라와 자기 아내가 아기를 낳고 있는데, 아기는 나왔으나 탯줄이 달라붙어 나오지 않아 생명이 위험하다며, 기도해달라고 원장님을 모시러 왔다고 했다.

그런데 마침 그때 조산원인 영진 엄마가 어제부터 기도하려고 와 있었다. 그래서 나는 영진 엄마에게 도와 달라고 했고, 영진 엄마가 가서 산모와 아기 모두 무사히 구할 수 있었다. 양수가 없어 태를 꺼내기가 힘들었다며 아주 위험한 상황이었다고 말했다.

그 시간에는 우리 동네에서 천안까지 차도 없고, 먼 거리를 걸어갈 시간도 안 되어 의사를 부를 수도 없었는데, 하나님께서 집사님을 살리시려고 산파인 영진 엄마를 다시 보내신 것 같아 참으로 감사했다.

이렇게 우리를 보호하시고 도우시는 하나님을 생각하니 주님의 은혜가 감사하고 감사했다. 그 후 영진 어머니는 불면증을 다시 치료받고 내려갔으며 지금도 건강하게 잘 살고 있다.

14.
척추 병자가 고침 받음

　　도동감리교회 목사님과 사모님은 나를 딸같이 사랑
하신 분이셨다. 가끔 오시면 맛있는 음식과 옷도 사 주시고, 할 일
이 있으면 해 주시고, 기도원에서 집회할 때는 전 교인을 데리고
오기도 하셨다. 또 목사님이 감리사로 있을 때는, 삼층으로 지은
새 교회에서 집회도 인도하게 해 주셨고, 주위에 있는 감리교회에도
나를 소개해 집회할 수 있도록 해 주신 분들이었고, 특히 사모님은
선하시고 좋으신 천사 같은 분이었다.

　　그런데 1978년 7월 어느 날 사모님께서 교인 권사님을 모시고
오셔서, 척추에 병이 들었는데 하나님께 고침을 받으러 왔다고 했다.
서울 세브란스 병원에 입원해서 수술받을 날을 기다리는 중이었
는데, 하나님께 고침을 받으려고 왔다며 나에게 기도를 부탁했다.
권사님은 병이 심해서 옆에서 누군가 부축해 주어야 했지만, 20여
일 기도원에서 예배드리고 기도하면서 하나님께 완전히 치료받았
다. 그리고 우리 기도원 여름 산상 부흥 성회 때 주방에서 봉사해
주시고 가셨다.

너는 복음을 전하다 오너라

그 후에도 소식을 들었는데 건강하다고 했다. 전능하신 우리 하나님은 못 고칠 병이 없으시다. 누구라도 하나님께 예수의 이름으로 구하면 지금도 그 능한 손으로 우리를 치료해 주시는 참으로 고마우신 분이시다. 할렐루야!

15.
여자 강사를 무시한 집사님

　　서울 어느 노회 노 회장님 교회로 집회 인도를 갔었다. 집회 기간에 하나님이 많은 은혜를 베풀어 주어서 결신자도 40여 명가량 나왔다. 그리고 나는 우리 운봉산 기도원으로 돌아왔다.

　　그런데 며칠 후 편지 한 통이 왔는데 다음과 같은 이야기가 적혀 있었다. 얼마 전 집회 다녀온 서울 노 회장님 교회에 그 노회 서기 교회 집사님이 볼일 보러 왔다가 집회 포스터를 보고 "여자가 무슨 강사야" 하며 무시하고 돌아갔는데, 그날부터 아파 누워 15일간 거동을 못했다는 것이었다.

　　병원에 다녀도 차도도 없어 집사님이 하나님께 "하나님 저를 고쳐 주시면 우리 교회에 여자 강사님 모셔서 집회하겠습니다."라고 기도했는데 그 기도를 들으시고 하나님이 집사님을 치료해 주셨다는 것이다. 그래서 나에게 편지를 보내 집회를 해달라는 것이었다. 나는 쾌히 승낙한다고 답장을 하고는 그 교회로 갔다.

　　교회는 웅장하고 잘 지어져 있었고 교인 수도 많았고 목사님은 지식도 능력도 많으신 분이었다. 나는 어디를 가나, 누구 앞에서도 두려워하지 않는다. 왜냐하면, 나 같은 약한 자를 들어 강하게 하시는 하나님을 믿기 때문이었다. 나는 하나님께 약한 나를 도와 달라고 간절히 기도하고 첫날부터 힘을 다해 전했다. 갈수록 성도가 점점 많이 모여 교회 아래층까지 가득 찼다. 한번은 내가 기도하는데 하나님께서 "교역자 가정이 은혜를 가로막는다."라고 하셨다.

그래서 나는 하나님께서 교역자 가정이 은혜를 가로막는다는 말씀을 하셨다고 전하면서, 회개하라고 했다. 그 집회에서도 하나님께서 많은 은혜를 부어 주셨다. 얼마나 은혜가 되었던지 마지막 날 금요일 낮 공부를 마치고서 나에게 의논도 하지 않고 일방적으로 토요일까지 집회를 하루 더 연기한다고 교인들에게 광고하였다. 그렇지만 그때 내가 다른 곳에 약속이 있어 토요일까지는 못했고 금요일 밤에 집회를 끝냈다.

Chapter 7.

운봉산 기도원 사역
제2부

"너는 두 가지 속화가 약속되었느니라"

01.
기도원 철거 통보를 받고
군수님께 탄원서를 보내다

1978년 대통령령으로 '자연보호'라는 명분 아래 전국에 있는 기도원 중 건전한(정부 기준) 교파나 교단에 소속되어 있지 않은 기도원들은 전부 다 철거하라는 명령이 내려졌다.

그 당시는 군사 정권 시대라 누구도 이 명령에 저항할 수 없었다. 공무원들은 초교파나 무소속 기도원을 조사하여 철거 통지를 내렸다. 내가 소속되어 있던 애향숙 재단도 초교파적으로 복음을 전했기 때문에 소속 교단이 없었다.

그래서 우리 기도원에도 무조건 철거하라는 계고장이 떨어졌다. 내가 담당 공무원들에게 아무리 사정해도 상부 명령이니 자기들도 어쩔 수 없다며 통하지 않았다.

나는 천안시에서 크게 목회하시는 잘 아는 목사님과 함께 군수님을 직접 찾아가 사정을 했지만, 청와대 명령이라 어쩔 수 없다는 것이었다. 내가 할 수 있는 모든 방법을 다 동원해도 어떻게 할 수가 없었고 그저 속수무책이었다. 더는 내 힘으로는 아무것도 할 수 없

너는 복음을 전하다 오너라

음을 알았고 이제는 살아계신 하나님께 기도하는 길밖에는 없었다.

"졸지도 않고 주무시지도 않고 이스라엘을 상치 않도록 지키시는 하나님! 우리 기도원이 철거되지 않도록 지켜 주옵소서! 지켜 주세요!"라고 부르짖고, 부르짖고 또 부르짖었다. 이처럼 기도하던 중 1989년 2월 3일 새벽에 기도하는데 하나님이 영감을 주시는데, 군수 영감님께 호소 편지를 보내라는 것이다. 그리고 편지 내용도 가르쳐 주셨다. 나는 곧바로 편지를 썼다.

"군수 영감님! 항상 군민을 위하여 노력을 아끼지 않으시고 수고하시는 군수 영감님께 호소합니다.

다름이 아니옵고 2일 전, 우리 운봉산 기도원을 철거반이 와서 철거하겠다는 연락을 동민을 통하여 받았습니다. 저는 이북에서도 우리 집이 공산주의에 숙청대상이 되어 재산과 집과 어머님과 형제를 다 잃어버리고 겨우 내 몸 하나만 월남하였는데, 그때의 일이 회상되어 저에게는 과거의 일 못지않게 커다란 충격이며 상처가 되었습니다.

제가 그동안 사랑하고 아끼며 이 나라 이 민족을 위하여 온갖 노력을 다하여 기도해온 조국에서 다시 한번 집과 재산을 잃어야 한다는 것을 생각할 때 이 큰 상처와 아픔을 어디다 호소할 길이 없습니다. 다만 군민의 어른이 되시는 군수 영감님께 다시 찾아뵙지 못하고 지면을 통하여 호소할 뿐입니다.

군수 영감님!

박 대통령 담화에 보면 무허가로 건축했다 해도 등기되었을 때 보존하라고 하셨습니다. 공화당 공약은 철거 시 대책을 세우라고 하셨습니다. 어제 라디오를 통하여도 철거 시는 현 시가로 대처하여야 한다고 했습니다.

그런데 이 엄동설한에 아무 대책도 세우지 않은 채 철거반이 동원된다는 이런 상황에 부닥치고 보니 대체 누구를 믿고 어떻게 해야 할지 당황이 됩니다. 법에도 인정이 있는 것이 아니겠습니까? 여성으로서 한 일이 미비한 점이 있다고 해도 고려해 주실 일이 아니겠습니까?

군수 영감님께서는 군민 하나하나 따뜻하게 평안하게 보살펴주실 책임이 있으십니다. 저는 명령을 거역하겠다는 변명이 아닙니다. 보호가 목적이 되어야 한다고 생각합니다.

군수 영감님께 호소하고 이렇게 해도 대책이 서지 아니하면 박 대통령 각하께 직접 상신할 생각입니다. 군수 영감님 저는 군민의 한사람입니다. 이처럼 호소하는 것은 군수 영감님의 따뜻한 도움을 받고자 원하는 마음에서입니다. 군수 영감님께서 잘 보살펴주시길 부탁드리며 이만 줄이겠습니다."

운봉산 기도원 **김 상 화** 원장

이렇게 군수님께 편지를 사람을 통하여 보내고 난 후 일주일 째 되는 날, 목천면 공무원을 통하여 우리 기도원을 보존해 주겠다는

너는 복음을 전하다 오너라

연락을 받았고, 그리고 공문은 3월 2일에 받았다.

<공문내용>
내부 130-674
수신 : 재단법인 애향숙 나서영
제목 : 운봉산 기도원 보존 조치통보

운봉산 기도원에 대하여는 당초 불법건조물로 판정되어 자진 철거하도록 계고장이 발부되었으나, 금번 상부의 재조정으로 보존하기로 하였으니 그 점 양지하시기 바랍니다.

앞으로는 현 상태에서 산지 및 자연경관에 악영향을 미치지 않도록 각별히 유념하시고 국가 시책인 자연보호와 산림 훼손방지에 더욱이 협조하여 주시기 바랍니다.

기도원 보존 연락을 받으니 어찌나 기쁜지 이루 말로 다 형용할 수가 없었다. 무엇보다도 살아계셔서 역사하시는 하나님께 얼마나 감사했던지, 하나님께서 내 힘으로 불가능한 것을 주의 능력으로 지켜 주셨다.

참으로 세상의 주관자 되시는 나의 하나님, 전능하신 나의 하나님, 나를 지키시는 나의 하나님, 나의 기도에 응답하시는 나의 하나님께 참으로 감사하였다.

02.
수도하러 보내려고
두 번이나 병을 고쳐 주심

1978년 12월 말에 있었던 일이었다. 다음 해 (1979년) 1월에 용문산에서 실시하는 수도에는 정말 가고 싶지가 않았다. 나는 여러 가지 안 갈 수 있는 평계를 생각하고 있었는데, 마침 한쪽 어깨가 아팠다. 그래서 나는 이것을 담보로 잡고 주님께 "주님 어깨를 고쳐 주시면 수도하러 가겠습니다."라고 기도했더니, 어깨가 씻은 듯이 나았다. 그런데도 나는 수도하러 가기가 싫었다.

그런데 또 마침 목감기가 걸렸다. 그래서 또 주님께 "주님, 목감기를 고쳐 주시면 수도하러 가겠습니다."라고 기도했더니, 이번에도 목감기가 씻은 듯이 나았다. 그래서 나는 가기 싫었지만, 며칠 늦게 수도하러 갔다. 그곳에 먼저 와 있던 동료 수도사들이 모두 반갑게 맞이해 주면서, 언니가 몸이 아파 못 오는 줄 알았는데 이렇게 왔다며 참으로 좋아했다.

수도 기간 중 매일 오후 2시부터 3시까지 오후에 산상 기도를 하였는데, 1월 5일 이날도 오후 기도시간에 산에서 기도를 하려고

너는 복음을 전하다 오너라

막 엎드리는데, 주님께서 나에게 **"내가 은혜 주려고 너를 기다렸다."** 라고 하시면서 하늘 문을 열고 신령한 은혜를 풍성하게 쏟아 부어주셨다. 인간의 말로는 다 표현을 할 수 없지만, 나는 너무나 기쁨이 넘쳐 내 눈에서는 기쁨의 눈물이 막 흘러내렸고, 주님을 신뢰하는 확신이 오고, 온몸에 진동이 와 무릎을 꿇은 채로 막 뛰기도 하였다.

그동안 육체의 아픔과 마음의 고통, 또 여자 혼자 아무 연고도 없는 객지에서 기도원 개척 하느라 힘들었던 모든 일이 봄눈 녹듯 다 녹아내리며 내 영혼은 주님의 품 안에서 한없는 기쁨과 안식을 누렸고, 하늘의 새 힘으로 새롭게 되고 강건하게 되었다. 주께서 나를 다시 한번 독수리처럼 새롭게 해주신 것이다.

그리고 수도 기간 내내 하나님의 놀라운 은혜를 부어주셨다. 나는 수도하러 가기 싫었는데 주님께서 은혜를 미리 다 예비해 놓으시고 나의 병까지도 다 고쳐 주셔서 은혜를 부어주심을 생각할 때 이렇게 좋은 분이 있을까? 라는 생각이 들어서, 너무나 감사하였고 또 한편으로는 부끄럽기도 하였다.

나 같은 죄인이 무엇이기에 이처럼 생각하시나이까? 라는 다윗의 고백이 참으로 나의 고백이 되면서 한없는 하나님의 사랑에 감격하고 감격하였다.

하나님이여 주의 생각이 내게 어찌 그리 보배로우신지요. 그 수가 어찌 그리 많은지요. 내가 세려고 할지라도 그 수가 모래보다 많도소이다 내가 깰 때에도 여전히 주와 함께 있나이다(시 139:17-18)

03.
엄지손가락이 썩어들어가는
어느 권사

　　70년대 말 어느 날 엄지손가락이 썩어들어가는 어느 권사님이 기도원에 오셨다. 권사님은 병원에서 주는 약을 먹고 바르고 있었는데 나병 환자가 사용하는 약이라고 했다. 그런데 그는 오자마자 어느 목사님 원망을 많이 했다. 그뿐 아니라 언제나 무슨 일에든지 입만 열면 원망과 불평이 끊이지 않았다. "내가 식모인가? 내가 왜 주방에서 주의 종들 밥을 해주어야 하나?" 등. 그래서 내 생각에는 그 원망과 불평 때문에 손가락이 썩어가는 것 같았다. 기도원에 왔어도 손가락이 낫지 않고 오히려 더해지고 있었다.

　　그래서 하루는 그에게 진심으로 충고를 했다. "권사님 원망만 하지 말고 모든 일에 감사하세요! 그리고 식당에서 밥하기 싫고 총무가 되려면 자격을 만드세요! 기도원 총무가 되려면 일단 고등성경학교라도 나와야 하지 않겠습니까? 자격도 안 되는 자를 어찌 총무 자리에 앉힐 수 있겠습니까?" 권사님은 나의 충고를 겸손하게 받으며 그래야겠다며, 내일 성경학교에 입학원서를 내고 와야겠다고

너는 복음을 전하다 오너라

했다.

다음날 나는 새벽예배 마치고 권사님에게 간절히 안수기도를 해주었다. 권사님이 입학원서 내려고 갔다가 3일 후에, 얼굴에 함박웃음을 지으면서 원장님과 오는 것이었다. 그런데 이상하게도 손가락에 붕대 맨 것이 보이지 않았다. 너무나 신기해서 "아니, 권사님 이게 어찌 된 일이요! 붕대는 어디 갔소!"라고 물었다. 그러자 권사님이 깨끗한 손을 내밀면서 하나님께서 치료해 주셨다며 너무나 좋아하셨다.

참으로 우리 하나님은 놀라운 분이시다. 권사님이 원망과 불평을 버리고, 겸손하게 자신을 낮추고 감사하며 주의 뜻대로 살려고 하니 하나님께서 치료해 주신 것이다. 그 후 권사님은 성경학교를 졸업하고 교회 전도사로 주의 일을 씩씩하게 아주 완벽히 잘하셨다.

04.
초대교회 같은 성령의 역사

        우리 기도원은 많은 갈급한 영혼들, 각종 문제 가진 사람들, 학생수련회, 교회수련회, 교단 제직수련회와 3일, 일주일, 20일, 40일 금식하시는 성도님들과 목사님들이 끊이지 않고 입산하여 기도하였다. 초기에는 찻길도 없었고, 그다음에 길이 생겼어도 차는 겨우 다닐 정도였고 주로 경운기만 다녔다. 차로 동네까지 오고 동네에서 기도원까지는 경운기로 짐을 운반하였고, 사람들은 20분 정도를 걸어서 왔다. 이렇게 교통이 불편했지만, 하나님의 역사로 말미암아 많은 사람이 은혜받으러 왔었다. 이렇게 은혜의 역사가 많이 일어났지만, 그중에서도 1978년 8월 27은 특별히 기억에 남는다.

    이날도 각처에서 교역자님들이 입산하였다. 서울과 대전, 천안, 목천 등지에서 주의 종들이 왔었는데, 그날 저녁 집회에서 놀라운 성령의 역사가 일어났다. 그곳에 모인 분들에게, 초대교회같이 뜨거운 성령의 역사가 일어났다. 모두가 성령 충만 받고 첫 은혜를 회복하였고, 나에게 예언의 말씀이 임하여 각자에게 예언도 해주었다.

　목사님들이 말하기를 어느 기도원에서도, 유명한 강사들에게도 체험하지 못한 은혜를 받았고, 처음 은혜를 회복하고 성령 충만을 받았다며 기뻐하셨다. 어떤 분들은 성령 불이 손에 임하여 손이 뜨거워 견딜 수 없다고도 하셨다. 또 나에게 수도사님의 안수는 다르다며, 칭찬도 해주고 격려도 해 주셨다. 물론 내가 받을 칭찬은 아니었고, 오직 주께서 우리를 불쌍히 여기사 이처럼 은혜를 베푸신 것이다.

　누구든지 목마른 자에게 값없이 생명수를 부어주시는 주님의 은혜에 한없이 감사할 뿐이다, 또 부족한 저를 그 통로로 사용해 주심으로 인하여 더욱 감사한 것이다. 집회 후 교역자님들은 염소탕도 드시고 고구마도 실컷 드시고 기쁨으로 하산하셨다.

05.
봄에는 전기를 달아라

　　　용문산 기도원 수도사들은 전국 각지에서 기도원 사역을 하고 있었지만, 1월 한 달은 용문산 기도원에 모여 다같이 수도를 했고, 이 기간에 오후 2시부터 3시까지는 반드시 산상 기도를 했었다.

　1979년 1월 수도 기간 중 하루는 산상 기도시간에 하나님이 성령을 충만히 부어주시면서 하시는 말씀이 "봄에는 전기를 달아라"라고 하셨다. 그래서 나는 "예" 하고 대답을 했다.

　6년간 전기도 없이 호롱불과 등잔불만 켜고 문명의 혜택도 없이 살았다. 그래서 나는 항상 "하나님 전기를 달아주세요! 문명의 혜택을 주옵소서!"라고 기도하고 있었던 터였다. 전국에 다니며 집회 인도하면서도 어떤 때는 집회 끝나고, 전기도 없는 기도원에 오기 싫어 서울 아는 집사님 집에 머물다 바로 다른 곳에 집회하러 가곤 했었다. 그런데 하나님이 '봄에 전기를 달라'고 하니 어찌나 좋던지, 봄이 오기만을 학수고대하며 살았다. 그때 나는 하나님이 전기를 달라고 했으니 분명 봄에 전기 달 돈도 줄 것으로 생각하고 있었다.

　그래서 이 일을 가지고 3일 금식도 하며 봄을 기다렸다. 시간이

　　　　　　　　　　　　　너는 복음을 전하다 오너라

지나 3월이 되었고 나는 기도원 주위환경 정리를 했는데, 이때 허리를 삐끗하면서 허리가 아프기 시작했다. 좀 지나면 낫겠지 했지만, 차도는 없고 점점 더해 결국 자리에 누울 수밖에 없었다. 허리가 아프다고 하니까 사람들이 소나무 찜질이 좋다 하여 소나무 찜질을 계속하였으나 2개월이 지나도록 낫지를 않았고, 오히려 더 심해져서 가만히 누워 있을 수조차 없게 되었다. 좌편으로 누워도 아프고, 우편으로 누워도 아프고, 엉덩이를 움켜쥐어야 조금 통증이 덜해질 뿐이었고, 엎드려서만 지내고 있었다.

몸은 불덩이같이 열이 나고 진땀은 흐르고, 밤에도 고통 때문에 잠을 이룰 수 없었고 신음으로 보냈다. 그 당시는 병원 갈 형편도 안 되었지만, 나는 주님께 치료를 받으려고 기도하며 주님의 치료만을 기다리고 있었다. 즉 '죽으면 천국 가서 좋고, 치료해 주시면 주의 일하면 되고'라는 생각으로 하루하루를 보내고 있었다. 또 많은 사람이 병문안을 왔지만, 병원에 가라고만 했지 병원에 데리고 가는 사람은 없었다.

하루는 이 소식을 듣고 서울 사는 막내 조카가 서울병원에 오라고 했지만, 차도 없고 혼자서 움직일 수도 없고 갈 수가 없었다. 어떤 때는 전능하신 하나님이 왜 나를 치료해 주시지 않나 하고 원망과 불평도 해보았다. 그러다가 마음을 다시 고쳐먹기도 하였으나 고통은 점점 더 심해져 울고 또 울며 통곡을 하였다.

이제는 일어나지도 못했다. 5분이나 십 분이라도 앉아 보았으면 하는 것이 나의 소원이었으며, 서울 한번 못 가보고 동네나 천안도 못 가보고 죽겠구나 하는 적막감이 들기도 했다.

그러던 어느 날 나는 "하나님 병원에 갈까요?" 하고 물었다. 그리고 그날 밤에 자면서 꿈을 꾸었다. '내 배 안에 빨간 독사가 들어있었다. 나는 독사를 쫓아내야 하므로 이 병원 저 병원 여러 병원을 돌아다녀도 처방이 없다는 것이었다. 또 할 수 없이 약방으로 갔으나 마찬가지였다. 그런데 어느 약방에 가니까 빨간 독사 내어 쫓는 약이 있다고 했다. 그래서 나는 그 약을 달라고 했더니, 내일 오라고 했다.

다음날 내가 그 약방에 갔더니 이상하게도 약방이 책방으로 바뀌어 있었다. 그래서 나는 주인에게 물었다 "어제는 약방이었는데 오늘 책방으로 바뀌었으니 어제 부탁한 약이 없겠네요." 그러자 주인은 있다고 하면서 표지가 예쁘게 포장된 한문으로 된 구약성경 신약성경 각각 한 권씩 두 권을 주면서 "이것입니다."라고 했다. 나는 신, 구약 두 권의 책을 받아 가지고 오면서, "아, 내 병은 하나님의 말씀으로 고칠 병이구나." 생각하고 병원 가는 것을 포기하기로 했다.

이 꿈을 꾸고 내 마음에 걸리는 것이 있었다. 사실은 내게 전기를 달 수 있는 돈이 있었다. 내 친구가 내게 자식도 없이 늙으면 돈이 있어야 한다며 계를 들어 해준 돈이 있었고, 또 다른 집사님도 돈을 주어서 그것을 정기적금으로 십 년 가까이 두었더니 수백만 원이 되었었다. 하나님께서 노후는 하나님께 맡기고 이 돈으로 전기를 달기 원하셨는데, 나는 노후를 하나님보다 돈을 더 의지하여 이 돈을 쓰지 않으려고 했다. 이병은 내가 미련하여 깨닫지 못해 생겨난 불순종의 병이었다. 나는 회개하고 이 돈으로 전기를 달기

너는 복음을 전하다 오너라

로 마음을 먹었다.

그런데 이 꿈을 꾸고 나서는 더 아프기 시작했다. 옆에서 지켜보던 오선님 전도사가 도저히 안 되겠다며 병명이라도 알도록 병원에 가자고 했다. 나도 그러자고 하면서 천안서 유명한 김명준 외과로 가서 진찰을 받았다. 40분 후 의사 선생님께서 나에게 척추와 방광에 관절이 들었는데, 고질병이라 못 고친다고 했다. 우리는 기도원으로 돌아왔고, 오 전도사에게 성전 기도실에서 자자고 하고, 기도실에서 기도하며 잤다. 그 밤에 자고 있는데, 내 배에서 큰 남자의 음성으로 "너를 병에서 낫게 한다."라는 소리가 들렸다. 음성을 듣고 나서 "이상하다. 어떻게 배에서 음성이 들릴까?" 생각하는데 뱃속이 뜨거웠다. 내 뱃속에 성령의 불이 임한 것이다. 내 뱃속에서 성령이 내게 말씀해 주셨다. 그날부터 건강이 급속히 회복되어 얼마 안 가서 건강을 완전히 회복하였다. 불순종하여 2개월 이상 꼼짝 못 했던 나를 주님께서 치료해 주신 것이다

치료받은 후 나는 곧바로 전기를 신청하였고, 1980년 4월 1일 전기공사를 시작하여 1980년 4월 9일에 완공하여 전기가 들어왔다. 6년간 호롱불과 암흑 같은 생활을 청산한 날 정말 기뻤다. 봄에는 전기를 달라고 하신 하나님의 분부대로 순종하니 온 동산이 환했다. 이처럼 하나님의 말씀에 순종하면 우리의 영혼도 환하게 빛나게 되는 것이다. 빛을 주신 빛 되신 하나님의 은혜에 참으로 감사합니다!

하나님은 빛이시라 그에게는 어둠이 조금도 없으시다는 것이니라(요일 1:5).

06.
산86번지 산을 사다

우리 기도원에 오려면 기도원 입구 산86번지 땅을
100m 정도를 거쳐야만 했다. 이 길이 처음에는 논두렁 길이었으나,
1977년 새마을운동으로 3m 넓이의 농로로 넓혀졌다.

그런데 1980년에 기도원에 전기를 끌면서 이 산86번지 땅에
전봇대 2개를 세워야 하는데, 땅 주인의 승낙이 필요했다. 나는 땅
사용 승낙을 받기 위해 천안역 앞에서 사업을 하는 땅 주인에게 여
러 번 왕래하며 어려움을 많이 겪었다.

그래서 이 산을 내가 꼭 사야겠다고 마음먹었다. 그래야 앞으로
기도원이 발전할 수 있겠고 장애가 되지 않을 것 같았다. 나는 산을
달라고 본격적으로 기도를 시작했다. 물론 그 이전에도 산을 달라
는 기도는 계속하고 있었으나 이제부터는 본격적인 기도를 한 것
이다.

약 만 오천 평이나 되는 제법 큰 산이라 가격이 제법 될 것이다.
그러나 나는 오직 하나님 한 분만 믿고 기도를 시작했다. 거의 매
일 산86번지 땅을 걸어 다니면서 '하나님 이 땅을 주세요! 이 산을

너는 복음을 전하다 오너라

주세요!'라고 기도했다. 그러던 중 1981년 3월 초에 우리 동네 사람을 통해서 천 이백만 원에 산을 사라는 연락이 왔다. 땅 주인이 사업이 잘 안 되어 이 산을 팔아 서울 가서 장사한다는 것이다. 그래서 나는 천만 원에 팔면 사겠다고 했더니 너무 싸다고 하며 다른 사람에게 팔겠다고 했다. 그래도 나는 계속 기도만 하고 있었다. 며칠 뒤 동네 중개하시는 분이 와서 그러면 천만 원에 팔겠다며 땅 주인이 돈이 급하니 빨리 계약을 하자며 잔금도 빨리 치러 달라고 했다.

그런데 문제는 돈이었다. 나는 친구가 계약금 하라고 준 돈 백만 원으로, 3월 24일 우선 계약을 하고, 잔금은 28일에 주기로 했다. 그날부터 나는 하나님의 도우심을 받아 여러 방면을 통하여 돈을 마련하였고 28일에 잔금 900만 원을 다 치를 수가 있었다.

모든 것이 오직 하나님의 은혜인 것이다. 믿는 우리에게는 모든 것이 합력하여 선을 이루는 것이다. 우리가 겪는 어려움도 결국에는 우리에게 선이 되게 하시는 하나님께 영광을 돌린다.

우리가 알거니와 하나님을 사랑하는 자 곧 그의 뜻대로 부르심을 입은 자들에게는 모든 것이 합력하여 선을 이루느니라(롬 8:28)

07.
암 환자에게 죽는다고 예고

　　1982년 5월 12일 천안 신당동에서 암 환자를 작은아들과 딸이 모시고 입산하였는데, 그분을 보는 순간 성령께서 내게 "곧 죽을 사람이다. 아직 가족 구원을 해야 하니 즉시 집으로 돌려보내라."라고 말씀하셨다. 나는 하나님의 말씀을 전하면서 집으로 돌아가라고 했다.

　그런데 환자분과 보호자들이 3일만 있게 해달라고 사정을 했다. 그래서 나는 어쩔 수 없이 그렇게 하라고 승낙을 하였고, 빈 숙소가 없어 교회에서 지내게 했다. 다음날 새벽에 환자분이 꿈을 꾸었는데, '흰옷 입은 사람이 나타나 자기 아들과 딸에게는 하얀 약봉지를 주고 자기에게는 주지 않았다.'라며 자기는 죽는가 보다는 말을 새벽기도 후 나에게 했다. 나는 그분의 말을 듣고 숙소로 돌아왔는데, 조금 후 환자의 몸에 오한이 나기 시작하며 곧 숨질 것 같은 증상이 나타나기 시작했다.

　나는 빨리 택시를 불러 집으로 돌아가라고 했지만, 환자분이 말리며 내려가지 않겠다는 것이다. 그러면 하나님의 말씀대로 가족들을 구원시켜야 하니 빨리 큰아들을 불러오라고 하였다. 딸은 어머니를 살리려고 이 기도원 저 기도원을 돌아다니며 돈도 많이 없앴는데 이렇게 됐다며 울먹였다. 나는 그게 무슨 말이냐? 어머니의 영혼이 천국 가게 되었는데 이 이상 더 큰 일이 어디 있느냐며 달랬다. 그러자 딸이 "원장님 우리 어머니 정말 천국 가십니까?"고 물었다. 나는 "곧 간다."라고 대답했다.

10시쯤 큰아들이 왔다. 나는 아들들에게 전도하면서 예수를 믿으라고 했고, 아들들은 다 "예수를 믿지요."라고 대답했다. 나는 그들을 보내면서 다른 곳으로 가지 말고 곧 집으로 가라며, 그렇지 않으면 객사하게 된다고 주의하라고 경고하였다.

그리고, 집에 도착하면 같은 교회전도사님과 성도님들을 불러서 밤에 함께 찬송하고 기도하면서 임종을 지키라고 당부했고 그러겠다고 대답했다. 그런데 그 환자분과 딸이 오후 4시경 용산에 병 고치는 권사님께 갔었고, 그다음 날 오전 9시경 그곳에서 운명했다.

그러자 아들들이 어머니가 객사하셨다고 성경책을 던져버리고 예수 안 믿겠다고 했다는 것이다. 이 모든 것을 아시는 하나님이 나를 통하여 미리 말씀해 주신 것이다. 만일 그들이 그 말씀을 들었더라면 가족들도 다 구원받고 주위 사람들에게도 죽으면서도 전도가 됐을 것인데 참 아쉽고 안타까운 마음이 든다.

08.
征服 正福 환상을 봄

　　　　　　1982년 1월경 아직 비포장 좁은 마을 길로 다닐
때였는데, 나는 우리 기도원에 사람들도 많이 오고 역사도 많이 일
어났지만, 교통이 나빠 더 좋은 곳으로 가기 위해 기도원을 다른
사람에게 물려주고 다른 곳에 기도원을 개척 할 생각을 하고 일을
추진하고 있었다.

　당시 우리 기도원에는 수도 시설이 없었고 내가 판 우물이 하나
있어 그 물을 식수로 사용하고 있었다. 같이 있던 전도사가 볼 일
보러 나가고 없었고 나 혼자 기도원에 있을 때, 밥을 짓기 위해 우물
에서 물을 길어오는데 가슴이 뜨끔 하더니 그 후로는 가슴이 아파
기도도 힘입게 못했다.

　이 날도 아픈 가슴을 거머쥐고 앉아 기도하고 있는데 흰 글자 한문
으로 "征服"을 보여주시고 바로 이어 "正福"을 보여주셨다. 征服은
주님이 나에게 이곳을 떠나지 말고 征服(정복)하여 승리하라는 것이
고, 또 다른 正福(정복)은 내가 이 기도원을 소유하고 있는 것이 내게
바른 복이라는 것을 깨닫게 해주셨다고 생각했다. 또 어느 수도사

　　　　　　　　　　　　　　너는 복음을 전하다 오너라

에게 말했더니 그분도 언니가 이 기도원을 소유하고 있는 것이 바른 복이라고 말했다. 그래서 나는 기도원 물려주고 다른 곳으로 가려는 생각을 거두었다.

그 뒤로 우리 기도원은 많은 목사님과 성도님, 청년 학생이 와 은혜받는 동산이 되었고, 감사하게도 그해 12월 28일에 전화까지 개통하게 되었다. 천안 제일교회 목사님이 친히 모든 경비를 담당하시고 서류까지 처리하셔서 우리 기도원에 전화를 가설해 주셨다. 하나님께 감사하고 또 목사님께도 참으로 고마웠다. 내가 주의 말씀대로 기도원을 떠나지 않고 순종해 사니 생각지도 않은 전화까지 놓아 주셨다.

09.
너는 두 가지 속화가
약속되었느니라

1983년 기도원 들어오는 입구 쪽에 나의 숙소로 사용하기 위해 2층 건물을 지었는데, 공사를 4월에 시작해 그해 10월에 완공하여 입주하게 되었다.

전에 내가 살던 위의 집은 손님들의 숙소로 사용하고, 나는 새로 건축한 이층집으로 이사해 첫날밤 혼자 잠을 자면서, 하나님께 간절히 기도했다. "하나님 새로 지은 집입니다. 나 혼자 잡니다. 주님 꼭 같이 해 주시고 보호해 주어서 두렵지 않게 해주세요!" 기도 후 자려고 눈을 감고 누웠다.

그런데 그때 환상이 열리면서, 수많은 군대가 나를 향하여 오더니 육체관계를 하자고 하면서 내 머리를 발로 밟았다. 나는 다급해서 "주여" 하고 소리를 쳤다. 그러자 그 군대들이 머리에서 발을 떼더니 내 가슴을 누르려고 하였다. 나는 또 "주여" 소리를 쳤다. 그러자 내 가슴에서 손을 떼고는 내 배를 누르려고 하였다. 나는 또 "주여" 소리를 쳤다. 그러자 수십만 명의 군대가 순간적으로 사라졌다.

너는 복음을 전하다 오너라

나는 자다 말고 일어나 항의하면서 예수님께 기도드렸다. "주님 나를 지켜 주시라고 하지 않았습니까? 그런데 수많은 군대가 와서 왜 나를 욕보이려 했습니까? 이유가 무엇입니까? 왜 그리하셨습니까? 주여, 주님께서 내게 하고 싶으신 말씀 있으시면 잘 때 보여주고 직접 말씀 해주세요!" 그리고 다시 잠을 잤다.

그리고 꿈을 꾸었는데 생시 같은 너무나 선명한 꿈이었다. '내가 연분홍 치마저고리를 입고, 손가락에는 금반지, 루비 반지 등 각종 반지를 끼고 결혼식 올리려고 기다리고 있는데, 누가 옆에서 하는 말이 수도사가 결혼하는데 마음이 어떤가? 하고 물었다. 그러자 나는 내가 하고 싶어 결혼하는가? 주위에서 하게 하니까 하는 것이라고 일축해버렸다.

그런데 그때 주님의 음성이 들렸다. "너는 두 가지 속화가 약속되었느니라" 나는 그 말씀을 듣고 "내게 무엇이 속화되었을까?" 생각하며 방에서 일어나 온 방을 돌아다니면서 미친 사람같이 "주님 제가 무엇이 속화되었습니까? 속화는 간음인데 알게 해주세요! 그래야 주의 뜻대로 하지 않겠습니까?"라고 하는데, 주께서 "레위인은 기업이 없었느니라. 사도바울도 베드로도 기업이 있었느냐?" 하는 것이었다. 이때 내게 다음 하나님의 말씀이 생각났다 **"그러므로 레위는 그의 형제 중에 분깃이 없으며 기업이 없고 네 하나님 여호와께서 그에게 말씀하심 같이 여호와가 그의 기업이시니라"**(신 10:9). 그리고 깨달아지는 것이 있었다.

첫째는 기도원 땅이 내 명의로 되어 있었고, 둘째는 그때 김경자 수도생 하고 같이 있을 때였는데, 내가 김경자 수도생에게 "이 집은 내가 살다 가면 네가 살고 네 집으로 하라"고 약속한 것이었다. 그리고 새로 지은 이 숙소는 애향숙 재단법인에 등록하지 말자고 한 것이었다. 우리의 생애를 하나님께서 책임지시겠지만, 만약의 경우를 생각해 집 하나는 내 명의로 있어야겠다고 한 일이었는데, 이것이 잘못된 생각이었다.

그 당시 우리 스승님은 수도사들이 나가서 기도원을 개척하면 재산은 애향숙 재단법인으로 등록하라고 하시면서, 그래야만 정치적인 도움을 받고 사이비 이단으로 몰리지 않게 된다고 하셨다.

그러나 나는 스승님의 의견에 반대했다. 각자가 독립으로 기도원을 해야지, 그렇지 않으면 후일에 문제가 될 것이기 때문에, 그것을 방지하기 위해서는 독립기도원을 해야 한다고 생각하며, 나는 독립기도원을 할 것이라고 말했다. 그때 어느 수도사도 나와 같은 의견이었다. 그런데 지금 주님의 이런 음성을 듣게 된 것이다.

나는 그 자리에서 나의 잘못을 회개하였고, 그 후 나의 명의로 되어 있던 운봉산 기도원 재산을 애향숙 재단법인 명의로 바꾸었다. 이제부터는 오직 주님만을 내 기업으로 생각하고 살자. 하나님이 나와 함께 하시는데, 집이 있으나 없으나 무슨 상관이 있겠는가? 이제는 부동산을 의지하지 말고 예수님만 의지하고 살리라는 각오를 다졌다.

그리고 약 15년 후 하나님은 우리 수도사들이 애향숙 재단법인에 소속시켰던 재산을 우리 각자의 소유로 다시 돌려주셨다. 아마

너는 복음을 전하다 오너라

우리의 믿음을 시험하시고 우리가 물질을 의지하지 않고 주님만 의지하게 하신 후, 다시 회복하신 것이다.

그렇다. 우리가 이 땅에 살아갈 동안 의지할 것은 사람도 아니요, 물질도 아니요, 오직 주님 한 분밖에 없다. 오늘도 나는 이 사실에 전적으로 동감하며 오직 주님 한 분만을 의지한다.

10.
여자라 차별

거제도 어느 교회에 집회 인도를 부탁받고 집회일 전에 미리 출발하여 가는 길목에 사시는 아는 장로님에게 들렀더니 장로님께서 오늘 밤 자기 교회에서 주일 저녁 설교를 해달라고 부탁을 하는 것이었다. 그래서 승낙을 하고 그 교회로 갔다. 그 교회는 장로교 정통 보수 교단(고신)이었고 교인 수는 200명 정도 되었다. 나는 설교하기 위하여 미리 가서 기도실에서 기도하고 있었다. 조금 후 부인회 회장이 시간이 되었다며 나를 인도하는데 위의 강단이 아니고 아래 강단으로 인도를 하는 것이었다.

나는 "회장님 설교하는데 왜 아래로 갑니까?" 하고 물었더니 "우리 교회에서는 여자는 위의 강단에 안 세운다."라고 대답했다. 그래서 나는 부인회 회장님에게 "목사님께 가서 아래서는 설교 안 한다고 전하라."고 했다. 회장님은 목사님께 다녀오더니 "목사님이 그래도 아래 강단을 사용하라"라고 했다는 것이었다.

이 교회에 처음이지만, 내 밥도 못 찾아 먹는 자가 무슨 복음을 전할 자격이 있는가? 교만한 마음에서가 아니었다. 분명히 하나님

너는 복음을 전하다 오너라

이 나를 주의 종으로 불러 사명을 주셨는데 여자라고 왜 차별을 받아야 하는가?" 생각하면서 "회장님, 나는 아래 강단에서 안 해요. 저 좋은 강단을 두고 그렇게는 안 합니다."라고 말했다. 회장님은 목사님께 가서 다시 말씀을 드렸고 목사님은 장로님 다섯 분과 의논해서 나를 위의 강단에서 설교하게 하였다.

나는 위의 강단으로 올라와 엎드려 주님께 눈물을 흘리며 마음을 토했다. "주님 내가 이래서 여자라고 복음 전하지 않겠다고 하지 않았습니까? 그런데 오늘 이것이 무엇입니까? 아버지요 오늘 오순절 역사가 있게 하여 주시고 심령들이 뒤집히게 하소서! 말씀이 불이 되게 하시며 능력이 되게 하소서! 주여 능력으로 역사하소서! 그래서 여자라고 차별받지 않게 하소서!" 하며 눈물로 얼룩진 기도를 드리고 말씀을 힘을 다해 전했다.

말씀을 다 전하고 통성기도 시간이 되었는데 하나님이 성령을 물 붓듯이 부어주셨다. 통곡 소리, 부르짖는 소리, 몸을 떨고 진동하는 사람 등 말할 수 없는 하나님의 은혜가 부어졌다. 그 당시만 해도 조용하던 고신교단의 교회에서 난리가 났었다. 주일 밤 예배가 끝나고 목사님 사택에 갔는데 나는 목사님에게 초면에 실례가 많았다고 사과를 했더니 목사님께서 괜찮다며 은혜 많이 받았다고 오히려 나에게 감사를 했다. 다과를 나누고 장로님과 숙소로 돌아왔는데 장로님이 대단하다며 좋아하셨다.

나는 거제도 집회를 끝내고 돌아오면서 또 장로님 집을 들렀는데 장로님께서 내일 새벽 설교를 해달라고 부탁을 했다. 다음날 새벽기도를 인도하기 위해 교회에 갔더니 이번에는 새벽인데도 나에게 위의 강단을 사용하라고 하였다. 그러나 나는 새벽에는 원래 아래 강단을 사용한다고 하면서 아래 강단을 사용하였다.

　이처럼 내가 여자라고 사람들이 무시할 때면 하나님이 더 큰 은혜를 부어주셔서 종인 나의 체면을 세워 주신 것을 생각할 때 하나님께 무한 감사를 드렸다.

너 는 복 음 을 전 하 다 오 너 라

11.
병을 통해 사명자를 부르신 하나님

1987년도 어느 날 직산에서 사업하시는 어느 집사님이 사업에 실패하여 사업 구상 차 기도원에 금식기도 하러 오셨다. 집사님은 첫날 밤부터 말씀에 은혜를 많이 받으셨고 열심히 기도하셨다.

둘째 날 밤도 말씀에 은혜를 많이 받으셨고 기도를 끝내고 일어서려는데 갑자기 허리가 아파 일어나지를 못하고 엉금엉금 기다시피 해서 숙소로 돌아갔다.

그리고 3일째 새벽예배 후 내가 집사님을 위해서 기도를 하는데 하나님께서 집사님에 대한 말씀을 주셨다. 집사님께 주의 종의 사명이 있는데 감당하지 않아 허리를 쳤다고 하셨다. 그래서 나는 기도를 끝내고 나가면서 그때까지 기도하던 집사님에게 하나님께서 집사님에게 신학을 하라고 허리를 치신 것이니 순종하라고 하면서 나왔다.

아침 식사를 마치고 있는데 집사님이 상담을 요청하면서 사정 이야기를 하였다. 집사님이 기도원에 오기 전 집에서 아내 집사님과 함께 사업을 놓고 3일 금식기도를 했는데 그때 하나님께서 집사님의 꿈에 "기드온 전자"라는 회사를 보여주셨고, 회사가 잘되고 집사님이 많은 사람을 거느리고 있더라는 것이다. 그래서 기드온 전자를 찾아 온 천안을 다 헤매었으나 찾지를 못해 이 문제를 놓고 금식기도 하러 왔는데, 어젯밤부터 갑자기 건강하던 허리가 아프기 시작했다는 것이다.

그래서 나는 기드온 전자는 세상 사업이 아니고 성경에 사사기에 나오는 사사 기드온을 말하는 것으로 용문산에 내가 졸업한 "기드온 신학교"가 있으니 그곳에 입학해서 신학을 하고 주의 종이 되라는 것이라고 해석해 주면서 그 신학교에 가라고 하였다. 그런데 집사님이 내 말을 듣고도 신학 하겠다는 대답도 하지 않고 집사님을 태우러 온 교회 차로 기도원을 내려갔다.

7일 정도 지난 후 집사님이 교인 10여 명과 함께 또 왔다. 집사님이 집에 갔는데도 허리가 낫지 않아 꼼짝 못 하고 계속 누워만 있어 아내 집사님이 "차라리 병신하고 사느니 신학을 하세요."라고 말해서 다시 기도하러 왔다고 하였다.

그리고 그날 집사님이 성전에서 교인들과 기도를 하면서 하나님께 순종하여 기드온 신학교에 가서 신학을 하겠다고 하자 그 즉석에서 허리가 나았다. 나중에 들은 이야기지만 집사님이 군에 가기 전 침례교 신학대학교를 1년간 다녔으나 군대를 제대하고 복학하지 않고 결혼하여 사업을 하였는데 하는 사업마다 실패하였다고 하였다.

너는 복음을 전하다 오너라

이처럼 하나님은 자기 종으로 택한 사람은 어떠한 방법을 통해서도 결국은 주의 일을 하도록 불러내시는 것이다. 나도 주님이 친히 복음을 전하라고 했기에 순종하지 않을 수 없었던 것처럼 집사님도 결국은 순종하여 신학을 하여 목사안수도 받았고 교회도 개척하여 목회를 잘하고 있다.

12.
고맙고 잊을 수 없는 김천수

　　　　　1984년 2월 성회에 옆 동네인 덕전리에 살던 김
천수라는 여자 청년이 갑상선 병이 걸려 병 고침을 받으러 왔다.
천수는 병 때문에 얼마 전부터 서흥감리교회에 다니고 있었고 그
교회의 박○○권사님이 우리 기도원 집회에 데리고 온 것이었다.
그 당시 천수는 수술을 받기 위해 약을 먹고 있었는데 기도원에 오
면서 하나님께 고침받겠다며 약도 다 버리고 왔고, 갑상선이 심해
눈이 툭 튀어나오고 목도 불룩 나와 있었다.

　집회가 끝난 후에도 천수는 집으로 내려가지 않았고 계속 기도
원에서 기도했으며 병은 차츰 호전되어 갔다. 한날은 천수가 나에게
기도원에서 살고 싶다고 했다. 그래서 나는 만일 네가 여기 살고
싶다면 "하나님 병을 고쳐 주시면 주의 일을 하겠으며, 수도해서
원장님의 뒤를 잇겠습니다."라고 서원 기도를 하라고 하면서, 또
우리 기도원에서 4년을 봉사하면 신학교도 보내주겠다고 말했다.
그러자 천수는 내 말대로 하기로 하였고, 병은 4년 봉사하는 동안 언
젠가 모르게 나았고, 나는 약속대로 신학 공부를 시켰다.

　　　　　　　　　　　　너는 복음을 전하다 오너라

천수는 천안에 있는 나사렛 대학교 신학과에 입학하였는데, 매우 영리하여 신학교 시절에는 거의 수석으로 장학금을 받으면서 공부했고, 수석으로 졸업을 하였다. 또 나사렛 대학교를 졸업한 후에는 아시아 연합신학대학원에서 석사 과정을 공부했으며, 이때도 교수님들께 인정을 받아 미국으로 유학하여 박사과정까지 보내주겠다고 했지만, 기도원 사역하며 공부하기가 너무 힘들다며 대학원 과정만 이수하여 석사학위를 받고 공부를 끝냈다. 천수가 공부하던 시절에 어느 장로님이 중고 프라이드를 사주어 그것을 운전해서 통학했다. 그 당시만 해도 여자가 운전하는 것이 귀한 때였는데, 천수는 여장부와 같이 담대하게 잘했다.

천수는 키도 작고 약해 보여도 남자도 하기 힘든 억센 일도 참 잘 해냈다. 여름이면 넓은 기도원의 그 많은 풀을 낫으로 다 베고, 그 당시는 재래식 화장실이었는데, 그 화장실을 남자같이 똥지게를 지고 다 푸고, 천 평 가까운 밭에 여러 가지 채소며 농작물을 심고 관리하고, 또 기도하러 오는 손님들의 식사도 혼자서 다 해드리고, 여름, 겨울 수련회 기간에는 많을 때는 백 명도 넘는 학생들의 식사도 거의 혼자서 다 감당했다. 그리고 은혜도 충만하여 기도할 때 옆에서 같이 기도하는 사람들이 은혜를 받았고, 천안에서 가장 큰 갈릴리감리교회 여름 학생수련회 강사로 초청되어 가서 은혜를 끼치기도 하였다.

또 신학교 다니기 전에도 내가 부흥회 나갈 때는 우리 기도원의 아침저녁 강단에서 예배를 인도하였다. 제일 놀라운 것은 나와 13년간 같이 한집에서 살았지만 한번 외에는 화내는 것을 보지 못했다. 그만큼 성품도 좋았고, 지혜가 있고 민첩했다.

당시 우리 기도원은 용문산 기도원(재단법인 애향숙)에 소속되어 있었고 재산도 재단법인 애향숙 명의로 되어 있었다. 그렇기에 천수가 우리 기도원에서 나의 대를 잇기 위해서는 수도사가 되어야만 가능했다.

나는 천수를 수도시키기 위하여 용문산 기도원으로 다시 공부하러 보냈다. 신학교 과정을 했기 때문에 6개월만 공부하면 수도생 자격(수도사는 수도생으로 5년간 수도를 해야 함)을 준다기에 김천 용문산 기도원에 공부하러 보내었고, 월요일에 갔다가 토요일에 돌아왔다.

천수를 용문산 기도원에 공부하러 보내고 첫날 "하나님 아버지! 천수 공부 잘하게 도와주시고 꼭 수도할 때까지 함께 하옵소서!" 라고 기도하고 자면서 그날 밤 꿈을 꾸었다. 꿈에 '전도 대원들이 전도하고 돌아오는 길이었다. 나도 전도를 끝내고 천안으로 돌아오기 위해서 차를 기다리고 있었고, 내 옆에 천수도 전도 대원들과 함께 이야기하면서 차를 기다리고 있었다. 조금 후 서울행 차가 왔는데 천수가 아무 말도 없이 쏜살같이 그 차를 타고 가버렸다. 나는 이상하다. 천수는 나와 함께 천안으로 가야 하는데, 왜 서울로 가지? 서울 갔다 오겠거니 생각했으나 매우 서운했다. 그 후 나는 천안행 차를 타고 돌아왔다.' 그런데 이 꿈처럼 천수는 그곳에서 공부하면서 사귄 남자 전도사와 결혼하여 얼마 후 기도원을 떠나

너는 복음을 전하다 오너라

고 말았다.

당시 나는 그 꿈을 하나님의 경고로 이해하고 내가 미련하여 미리 막지 못해 천수를 그만 다른 길로 보내고 말았다고 너무 실망하고 낙담했었다. 하지만 지금 돌이켜 생각하면 나의 뜻과는 달리 하나님의 뜻은 천수와 내가 서로 다른 길을 가는 것이었고 내가 실망하지 않도록 그 길을 미리 보여주신 것이 아니었나 생각한다. 신령한 사도바울과 바나바도 성령의 지시로 함께 선교사역에 부름을 받아 떠났지만, 나중에 마가를 데리고 가는 문제로 의견이 갈라져 결국은 서로 각자 사역의 길을 떠나지 않았던가?

어쨌든 13년 동안이나 착하고 충성된 청지기로 수고하고 봉사한 천수에게 하나님께서 항상 함께하시고 무한한 복을 주시기를 기도할 뿐이다.

이는 내 생각이 너희의 생각과 다르며 내 길은 너희의 길과 다름이니라 여호와의 말씀이니라 이는 하늘이 땅보다 높음 같이 내 길은 너희의 길보다 높으며 내 생각은 너희의 생각보다 높음이니라(사 55:8-9)

Chapter 8.

운봉산 기도원 사역
제3부

01.
애향숙 재단법인 이사장 됨

나는 용문산 기도원에 있을 때 사람들이 항상 야당 당수라고 말했다. 스승이신 숙장님께도 항상 바른말을 했으니, 우리 스승님은 나를 불평분자로 볼 수밖에 없었을 것이다. 그러나 나는 불평분자도 아니고 반역자도 아니었고 그저 하나님의 뜻대로 바르게 살려는 것뿐이었다.

당시 숙장님의 혀와 손발 역할을 하셔서 숙장님이 신임하던 ○○○목사님이 계셨다. 그런데 하루는 하나님께서 나에게 ○○○목사님이 숙장님을 배신할 것이라고 가르쳐 주셨다. 나는 숙장님께 "○○○목사님이 앞으로 반역할 것입니다. 조심하십시오."라고 말씀드렸다.

그 후 나는 운봉산 기도원을 개척하여 그곳을 떠나왔고, 얼마 지나지 않아 하나님이 말씀해 주신대로 ○○○목사님이 숙장님을 배반했다는 소식을 전해 들었다. 나는 스승님이 얼마나 상심이 될까 하여 위로의 서신을 보냈다. "스승님 하나님이 함께하십니다. 마음 상하지 마시고 담대하세요"

너는 복음을 전하다 오너라

서신을 보낸 뒤 얼마 후 숙장님에게서 전화가 걸려와 수도하러 오라고 하셨다. 나는 수도를 오랫동안 못가 밀린 회비가 많았다. 스승님께 밀린 회비를 내야 하는데 돈이 없어 못 간다고 했더니 스승님이 친히 내주시겠다며 오라고 하셨다. 그래서 나는 수도하러 갔고 스승님을 찾아뵈었다.

그때 스승님께서 나에게 "다른 사람들은 이중인격이 많은데 김상화는 이중인격이 아니다."라며 칭찬해 주셨고 꽤 많은 밀린 회비도 다 지급해 주셨다. 그리고 나는 수도를 다 끝내고 운봉산 기도원으로 돌아왔다.

그리고 그해 12월에 스승님으로부터 서울 복음신문사로 오라는 전화가 왔다. 나는 아무 영문도 모르고 복음신문사로 갔더니, 그날이 애향숙 재단법인 이사회에서 이사장을 선출하는 날이었다. 그런데 나를 이사장으로 추천을 하셨고, 이사회 투표를 통하여 만장일치로 내가 이사장으로 결정되었다.

나는 하나님밖에 아는 것이 없고, 세상 법도 모르고 상식도 없고, 배운 것도 없는데, 어찌 감당할 수 있을까 걱정도 됐지만, 주님을 의지하고 십자가를 지기로 마음먹고 이사장직을 수락하였다. 그리고 1985년부터 4년 이사장 임기 동안 하나님이 함께하시어 어려운 문제들도 잘 해결되게 하시고 임기를 잘 마칠 수 있었다.

02.
여호와의 일을 태만히 하는 자는
저주를 받을지라

집회 때 어느 교회에 가든 목사님이나 장로님이 교회 사정을 나에게 말한다. 그러면 나는 말하지 말라고 한다. 장로님이나 목사님이 강사에게 다 말하면 하나님께서 하시는 말씀을 못 듣기 때문이다. 강사는 주님의 말씀을 듣고 그 말씀을 전해야 한다.

예수님께서 이 교회는 어떻게 하실까? 무엇이 필요한가? 무슨 수술을 하실까? 책망하실까? 징계하실까? 위로하실까? 어떤 은혜를 주실까? 어떤 은사를 주실까? 집회를 인도하다 보면 성령 안에서 판단이 서고 주께서 말씀해 주신다.

평상시 내가 알고 있었던 충청도 어느 교회의 목사님이 나에게 전화를 걸어서 "우리 교회에 문제가 있으니 집회를 해주세요."라고 하였다. 나는 갈 수 없다고 하면서 다른 분을 데려다 집회하라고 대답해 주었다.

그런데 얼마 지나지 않아 그 목사님으로부터 전화가 또 왔다. 집

너는 복음을 전하다 오너라

회했는데도 문제가 해결되지 않았다며 꼭 좀 오셔서 집회해달라고 부탁을 하였다. 나는 할 수 없이 가겠다고 하고 집회 날짜에 가서 집회를 인도했다. 나는 성도들이 목사님에게 잘못하여 문제가 생긴 줄로 생각하고 첫날은 그런 메시지를 전했다. 그랬더니 설교하는 데 성도들이 마음 문을 다 닫고 열지를 않았다. 나는 설교하면서 '아 이것이 아니구나. 내가 잘못 전하는구나!' 라는 생각을 했다.

그리고 그날 밤에 주님의 뜻을 받기 위해 무릎을 꿇고 기도했다. 그리고 둘째 날 교회에서 준비 기도를 하는데 성령께서 "여호와의 일을 태만히 하는 자는 저주를 받을지라."는 말씀을 하셨다. 나는 기도하면서 이 말씀은 목사님에게 하는 말인데 목사님이 저주받을 일을 했나? 생각하면서 하나님께 "하나님, 이 말씀은 주의 종을 향한 말인데 어떻게 전합니까? 이 목사님은 나를 사랑하고 존경하는 분인데요."라고 말씀드리고, 그 말씀은 안 전하겠다고 단단히 결심하고 강단에 올라가서 설교를 시작하는데, 내 입에서 첫마디가 "여호와의 일을 태만히 하는 자는 저주를 받을지라."라고 튀어나와 버렸다.

그래서 나는 하나님께서 나에게 기도할 때 주신 말씀인데 안 하려고 했는데 하도록 하셨다면서 누가 여호와의 일을 태만히 하는지 모르겠다며 그것에 관한 말씀을 전했다.

그런데 이 말씀에 성도들이 마음 문을 활짝 열었고, 통성기도 시간에는 성령이 강하게 역사하셨다. '나는 이제 주여 어찌해요!' 하며 숙소로 들어서는데 사모님이 나를 맞아 주셨다. 나는 사모님에게 "사모님, 어찌하지요!" 했더니 잘하셨다며 강사님의 말씀이 사실이라고 했다. 남편 목사님께서 주일 낮과 수요일 설교만 하시고 새벽기도를 포함한 다른 모든 설교는 신학 공부한 자기에게 다 맡긴다는 것이었다. 그리고 교인들이 목사님 내 보내기 위해서 도장을 다 받아놓은 상태라고 하였다.

나는 다음날 낮 공부시간에 교인들에게 성경 말씀으로 가르치고 다독거리면서 목사님이 갈 곳이 생길 때까지 잘 모시고 있다가 갈 곳이 생기면 서로 좋은 관계 속에서 보내라고 하였고 교인들도 그렇게 하겠다고 하였다.

이렇게 집회는 은혜 가운데 잘 마치고 왔다. 나중에 소식을 들었는데 목사님은 다른 곳에 사역지가 생겨서 교인들과 좋은 관계 속에서 갔으며 최근에는 목사님이 목회를 잘하고 계신다고 들었다.

여호와의 일을 태만히 하는 자는 저주를 받을 것이요(렘 48:10)

너는 복음을 전하다 오너라

03.
약속을 어기는 것도 죄

　　1990년 9월 14일 새벽, 나는 꿈에 '말라 검어진 피'를 보면서 벌떡 일어나 앉았다. 이것이 무엇인가 깊이 생각해도 이해가 되지 않았다. 그래서 하나님께 깨닫게 해달라고 기도했는데 그때 깨달음이 왔다.

　　얼마 전, 성전 앞 종탑이 낡아서 위험했기 때문에 튼튼한 새것으로 다시 세우려고, 전기공사를 하는 가까운 집사님에게 부탁하여 120만 원에 세우기로 약속을 했다. 그런데 우리 조카가 다른 공사업자에게 알아보더니 80만 원이면 할 수 있다는 것이다. 가깝다는 집사님이 어떻게 40만 원이나 더 받을까 하면서 조카를 통한 업자와 80만 원에 종탑을 세우려고 마음을 먹었다.

　　그런데 이 일이 있고 난 뒤로는 내 설교가 감화가 안 되고, 기도도 잘 안 되었고, 기도에 애를 쓰면 쓸수록 기도의 불은 꺼져갔다. 그런데 이것이 약속을 어긴 죄가 된다는 것을 하나님이 꿈에 깨닫게 해주신 것이다. 나는 하나님께 인간과의 약속을 어긴 것을 회개하고 새벽에 '광야와 메마른 땅이 기뻐하며 사막이 백합화같이 피어

즐거워하며'(사 35:1) 말씀으로 설교를 하는데 얼마나 기쁜지 말할 수 없었다. 그리고 집사님에게 약속대로 공사를 진행하였다. 집사님은 좋은 재료를 사용하여 종탑을 잘 세워 주셨다.

우리가 서로 간에 약속을 지키지 않는 것도 일종의 거짓이다. 우리는 하나님과의 약속뿐만 아니라 이처럼 인간과의 약속도 지켜야 한다. 그렇지 않으면 이러한 작은 죄들이 하나님과 나 사이를 가로막아 하나님과 교통할 수 없게 만든다. 하나님은 깨끗한 분이시기에 우리 또한 깨끗해야 하나님과 교통할 수가 있다.

오늘날 많은 성도가 하나님과 교통하는 삶을 살지 못하는 이유는 이처럼 죄에서 깨끗하지 못하기 때문이다. 우리는 날마다 자신을 돌아보고 심령을 깨끗게 함으로 하나님과 항상 교통하는 삶을 살아야 한다.

그가 빛 가운데 계신 것 같이 우리도 빛 가운데 행하면 우리가 서로 사귐이 있고 그 아들 예수의 피가 우리를 모든 죄에서 깨끗하게 하실 것이요(요일 1:7)

너는 복음을 전하다 오너라

04.
중풍에서 치료받은 권사님

어느 날 새벽예배를 드리고 기도를 하는데 성령께서 "정선옥 권사에게 가서 예배를 드려라."라고 말씀을 하셨다.

나는 새벽기도를 마치고 서둘러 식사를 하고서 신당동 정 권사님 집에 전화했는데 딸이 받았다.

하나님이 말씀하셔서 지금 예배드리러 가려고 한다고 했더니 딸이 말하기를 어머니가 어제 고혈압으로 쓰러져 순천향병원에 입원했다는 것이었다. 그래서 나는 전화를 끊고 바로 순천향병원으로 달려갔다.

병원에 도착하여 권사님이 계신 병실로 들어가니 권사님은 병상에 누워계셨는데 나를 보고 반가워하면서도 말을 제대로 하지 못하고 수족을 움직이지 못했다. 이래서 주님께서 권사님을 고쳐주시려고 나를 보내셨다고 생각하면서 권사님에게 "권사님, 성령님이 새벽에 권사님에게 예배드리러 가라고 해서 왔어요."라고 말하고 예배를 드리자고 했다.

나는 마음이 다급해 옆에 있는 사람들에게 양해도 구하지 못하고 예배를 드렸다. 찬송을 부르고 통성으로 기도하면서 권사님에게 안수기도했다. 나는 경솔하게 안수는 잘 하지 않는 편이었는데 그날은 손을 얹고 간절히 기도했다. "주님, 권사님을 고쳐주세요. 권사님을 구원해 주세요. 능치 못하심이 없으신 주님을 믿습니다. 반신불수도 고쳐주신 주님을 믿습니다. 주님, 우리 정 권사님을 불쌍히 여기사 고쳐주셔요" 이렇게 한참을 기도하는데 성령이 내게 강하게 임하면서 권사님이 낫는다는 확신이 왔다. 확신은 주님의 응답인 것이다. 그래서 나는 권사님에게 "주님이 권사님을 치료해 주실 것입니다."라고 말했다. 그랬더니 권사님이 거의 정상적인 말투로 성령이 자기 마음에도 임했다고 하면서 자기가 다 나았으니 퇴원하면 기도원에 가겠다고 하였다. 나는 권사님에게 그렇게 하시라고 하면서 기도원으로 돌아왔다.

그런데 참으로 놀랍게도 이틀 후 권사님이 멀쩡하게 걸어서 우리 기도원에 온 것이었다. 나 자신도 권사님을 보고 얼마나 놀랐는지 모른다. 참으로 하나님의 능력은 능치 못함이 없으신 것이다. 불과 이틀 전만 해도 꼼짝 못 하고 병원에 누워 있었고 의사도 앞으로 정상적인 생활은 할 수 없다고 했는데 이렇게 하나님이 고쳐주신 것이었다.

정 권사님은 천안시 신당동에서 양계장을 하셨는데, 신앙이 좋고 교회에서 봉사도 많이 하고 주의 종들을 잘 섬기는 분이었다. 우리 기도원에도 집회 때 오셔서 은혜를 받고 가셨고 나 또한 주의 사랑으로 잘 섬겨 주셨다. 이처럼 권사님이 하나님을 사랑하고 많은 영혼을 잘 섬기니 주님이 나를 보내어 고쳐주신 것 같다.

너는 복음을 전하다 오너라

05.
경북에서 온 살인자, 가짜 전도사

1991년 어느 날 모르는 남자가 기도하러 왔는데, 자기는 장로교회 전도사라며 명함을 내밀었다. 내가 그 명함을 받아서 보는데 성령이 내 속에서 "전도사가 아니다, 가짜다."라고 말씀하셨다. 그래서 나는 그에게 당신은 전도사 아니고 가짜라고 말했다. 그랬더니 그는 "명함에 장로교 전도사라 하지 않았습니까?"라며 자기는 진짜 전도사라고 말했다. 나는 사람이 누굴 속이려 합니까? 다 속여도 나는 못 속인다고 했더니, 그때야 자기는 전도사는 아니고 전도인이라고 하였다.

천수 총무가 학교에 가고 없었기 때문에 내가 점심을 준비했다. 나는 그에게 성전에 가서 기도하고 식사하러 오라고 했다. 점심을 먹기 위해 내려온 그를 보는 순간 또 성령께서 나에게 "살인자다."라고 가르쳐 주셨다. 그때부터 나는 말을 조심했다. 점심 먹고 방명록에 인적사항을 기록하고, 대구에 전화를 좀 하겠다며 전화를 하는데 "내가 가서 너를 거꾸로 매달고 때려죽이겠다."라는 등 온갖 욕설을 퍼부었다.

나는 전도인이 그렇게 욕설을 해서는 안 된다고 타이르고 숙소로 올려보냈다. 그가 하는 행동을 보니 살인자가 틀림없고, 포학한 사람이라 기도원에 있으면 해가 될 것 같았다.

그래서 파출소에 살짝 전화해서 상황을 이야기했더니 경찰 두 명이 기도원으로 올라왔다. 경찰들은 모른 체하고 그 가짜 전도사에게 신원을 확인하고 내려와 경찰망에서 신원조회를 해 봤더니 폭행과 살인 전과자였다. 경찰은 나에게 위험하니 밤에 잠은 다른 곳에 가서 자라고 하였다. 나는 다른 곳에 갈 곳도 없었고, 살인자가 무서워 기도원을 비우고 도망갈 수도 없었고 오직 하나님께 보호해 주시라고 기도하는 길밖에는 없었다.

그날 저녁때 마침 남자 집사님 한 분이 기도하러 와서 마음이 좀 놓였다. 그날 밤 우리가 저녁 예배를 드리는 시간에 그 가짜 전도사는 몰래 기도원에서 내려갔다. 이것을 학교 갔다 오는 길에 천수 총무가 보았다는 것이다. 자기의 신분이 탄로 나자 스스로 내려간 것이다. 성령께서 나에게 말씀해 주시지 않았다면 나는 아무 대책도 세우지 못했을 것이고, 그 포악한 사람이 무슨 일을 했을지 모르는 일이다. 하나님께서 연약한 나를 이처럼 자식처럼, 어린아이처럼 보살펴 주시고 지켜 주심을 생각할 때 참으로 감사하고 감사할 뿐이다.

✒ 여호와는 나의 반석이시요 나의 요새시요 나를 건지시는 이시요 나의 하나님이시요 내가 그 안에 피할 나의 바위시요 나의 방패시요 나의 구원의 뿔이시요 나의 산성이시로다(시 18:2)

너는 복음을 전하다 오너라

06.
몸이 병들었을 때 따뜻한 아버지 하나님께 드리는 글

하나님 아버지 저를 용서하세요! 어제 새벽 꿈에 제게 큰 은혜를 입혀 주셨는데 하루도 안 되어 사단의 넘어뜨리려는 공작에 말려들었습니다. 사단의 역사인 것을 깨닫지 못하고 저의 병든 딱한 처지만 생각하고 자기연민에 빠졌습니다. 그동안 밥을 먹을 때 운동할 때 나 자신이 참으로 한심해 보였습니다. 하나님 아버지! 이런 나를 보실 때 얼마나 실망스러워하셨겠습니까?

어제는 저 자신이 실망스러워 많이 울었습니다. 그리고 오늘 새벽에는 하나님 아버지의 따뜻한 사랑을 감사해서 울었습니다.

하나님 아버지 저를 용서하세요! 아버지께서 나 병들었다고 버린 것도 아니고, 또 천국에 오지 말라 하신 것도 아니고, 너는 나를 따라오지 말라 하신 것도 아닌데, 잠시 실망을 했습니다.

자비하시고 긍휼히 무한하신 아버지께서 나를 불쌍히 여기시고 불쌍히 여기셔서 제가 어려운 상황에 부닥칠 때마다 힘주시며 위안을 주셨습니다. 이번에도 죽을 것을 살려 주셨습니다. 아버지 하나님 감사합니다!

그러나 아버지 할 수 있으면 오래 세상에 두지 마시고 예수님과 아버지 곁으로 가게 하옵소서! 아버지, 아버지의 뜻대로 하옵소서! 아버지께 다 맡긴 내 영 나는 아버지 소유입니다. 김상화는 내 것이 아닙니다. 아버지의 소유인 아버지의 딸입니다. 십자가의 고통을 통하여 난 자식입니다. 하나님께 얼마나 귀한 자식입니까? 아버지 하나님, 나는 오늘 새벽에야 내가 얼마나 아버지께 귀한 딸임을 깨달았습니다. 아버지 하나님 그동안은 미처 생각지 못했습니다.

아버지 이 자식에게 고생과 고통을 주시는 것은 세상 소망을 끊고 하늘에 소망을 튼튼히 가지게 하시기 위한 것이지요! 이제 내가 세상에 더 의지할 것도 바랄 것도 없습니다. 저에게 건강을 주시어서 하늘의 소망을 더 전하게 하시며, 해야 할 일이 조금 남았으니 아버지의 뜻을 이룰 때까지만 살게 하옵소서! 아버지께서 다 알아서 하실 것을 믿습니다. 오늘도 하늘의 소망으로 가득하게 하옵소서!

그리고 앞으로는 은혜받으면 넘어뜨리려는 사단의 전술에 넘어가지 않게 붙잡아 주옵소서! 예수님같이 사단아 물러가라! 사단을 물리치게 하옵소서! 과거부터 지금까지 생각해 볼 때 은혜받으면 사람의 입술을 통하여 넘어지게 했습니다. 앞으로는 말씀으로 나를 넘어가지 아니하도록 도와주세요! 빕니다. 간곡한 소원입니다.

아버지 하나님 모든 것이 합력하여 선을 이루시는 것에 감사합

너는 복음을 전하다 오너라

니다. 내가 아버지의 귀한 딸임을 깨달았으니 이 이상 더 소망과 기쁨이 어디에 있겠습니까?

외로운 상화가 소망이신 아버지께 올리는 심정

백성들아 시시로 그를 의지하고 그의 앞에 마음을 토하라 하나님은 우리의 피난처시로다(셀라)(시 62:8)

07.
악한 마귀의 술책

1993년 3월 4일 밤에 자면서 꿈을 꾸었다. "거무스레한 가는 베 옷을 입은 여자가 머리에 흰 수건을 쓰고 교회에 와서 흰 가루를 뿌리려 했다. 그 가루는 흥분제라고 하면서, 자기가 만나고자 하는 사람을 만나기 위해서 뿌리며 그 여자가 만나고자 하는 사람은 집회를 인도하는 강사라 하였다. 또 그 강사는 자기와 가깝고 때로는 술도 마신다고 하였다. 흰 수건을 쓴 여자는 사단이었고, 흥분제를 뿌려서 그 강사와 가까워진다는 것이었다. 그 여자가 우리 기도원 천수 전도사에게 강사가 어디에 있느냐고 물었다. 전도사가 난 알지 못한다고 하자 나에게 와서 가루를 뿌리며 보복을 하였다. 나는 '저 사단이 나도 성질나게 하여 사단과 가깝게 만들면 어쩌나 생각하고서, 하나님, 흥분되는 일이 없도록 나를 잡아 주세요.'라고 기도하면서 잠에서 깼다.

이 꿈은 하나님이 내게 오늘 마음이 상해도 시험받지 말라고 미리 보여 주신 것이었다. 그런데도 나는 참지 못하고 시험을 받고 말았다. 전날 저녁 천수 전도사가 몸이 아파, 간신히 교회 다녀와서는 바로 자고, 다음 날 아침에도 8시가 되어도 일어나지를 못했다. 나

너는 복음을 전하다 오너라

는 할 수 없이 주방으로 가서 식사를 준비하다가 주방 바닥에서 넘어져 아프던 팔을 다쳤고, 화가 나서 "나는 밥을 못 하겠다."라고 소리치며 화난 어조로 전도사를 불러 신경질을 부렸다. 몸이 아파 누워 있는 사람을 위로하지는 못하고, 오히려 화내고 야단을 쳤으니, 온종일 나의 마음이 어두웠다.

저녁 예배드리러 나가면서 "예수님, 오늘은 성질로 인해 거룩하게 살지 못해 마음이 괴로워 교회 가서 예배드릴 수가 없네요. 교회 가지 말고 좀 쉬었으면 하네요. 전도사도 몸이 안 좋은데…. " 하는 순간 성령이 내 마음에 감사하는 마음으로 확 감동 주시는 것이었다. 그러자 내 심령에 감사가 넘쳐나서 교회에 가서 감사함으로 예배를 드렸다. 내 마음이 비가 온 뒤 개임같이 구름 한 점 없이 밝게 되어 숙소로 돌아왔다.

그렇다. 이처럼 마귀는 우리 마음에 나쁜 생각을 넣어 죄짓게 만든다. 지금도 마귀는 믿는 자들을 화나게 만들고, 거짓말하게 만들고, 음란하게 만들고, 악하게 만들어 넘어지게 하고 있다. 주의 종들에게도, 성도들에게도 마귀는 마음을 사로잡아 넘어뜨리는 것이다. 그러므로 우리는 항상 말씀 위에 굳게 서서 깨어 기도함으로 마음을 지켜, 아주 교묘한 방법으로 성도를 넘어뜨리는 악한 마귀의 계교를 물리쳐야 한다.

마귀가 벌써 시몬의 아들 가룟 유다의 마음에 예수를 팔려는 생각을 넣었더라(요 13:2)

08.
목발로 입산한 집사가 고침 받음

　　1993년 5월 초에 기도원 입구에 숙소로 사용하기 위해 2층 건물을 짓고 있었을 때였는데, 어느 날 아는 자매로부터 전화가 걸려 왔다. 어머니가 몸이 아파 병원에 입원해 계시는데 별 차도가 없고 미음도 제대로 못 드시는 형편이라며 운봉산 기도원에 가면 안 되겠냐고 물었다. 나는 미음도 못 드시는데 기도원에 와서 어떻게 하겠느냐며 병원에서 미음이라도 드시게 되면 오라고 하였다.

　　그리고 며칠이 지나지 않아 그 자매가 어머니를 모시고 왔다. 어머니 권사님은 밥만 먹으면 머리가 산만해지므로 미음만 조금씩 먹는다고 했다. 나는 권사님에게 "기도원에 왔으니 오늘부터는 믿음으로 공기에 7부 정도 담아 밥을 드세요."라고 말했고 권사님은 그렇게 하겠다고 했다.

　　그런데 그날 또 권 집사라는 분이 목발을 짚고 간호사와 함께 기도원에 왔다. 권 집사님은 자녀가 여럿이고 시골에서 시부모를 모시고 농사지으며 힘들게 살고 있었는데, 자식을 더 낳지 않으려

262 　　　　　　　　　　　　　　　너는 복음을 전하다 오너라

고 보건소에서 불임 주사를 맞았다고 한다. 그런데 간호사가 주사를 잘못 놓아 한쪽 다리를 못 쓰게 되었고, 소화도 안 되어, 천안 순천 향병원에 입원하여 치료를 받았으나 차도가 없어 대전 큰 병원으로 보내주어 치료를 받던 중, 그 병원에서 어느 분이 기도원에 가면 낫는다고 해서 운봉산 기도원에 왔다는 것이다. 그래서 공사 중에 중환자 두 분이 기도원에 와 계시게 되었다.

나는 새벽 3시에 일어나 5시까지 기도하고 5시에 새벽기도를 인도하고 난 후, 공사 감독하는 조카 식사 준비를 해주고는 곧바로 공사장에 가서 온종일 공사장 뒤처리를 했다. 그때 잡일 할 사람이 없어 내가 손수 했다. 이렇게 공사를 하다 보니 환자분들을 위해 기도할 시간이 많지 않았다. 환자분들이 오시면 그분들을 위해 집중기도를 해야 하는데 공사 때문에 시간 내기가 쉽지가 않았다. 이렇다 보니 두 분 환자분들이 기도원에 온 지가 열흘가량이 되었는데도 전혀 차도가 없었다.

그래서 하루는 새벽 3~5시 기도시간 때 "하나님 이래서는 안 됩니다. 오늘은 고쳐주세요!"라고 간절히 집중적으로 기도했다. 새벽 예배 설교를 마치고 통성기도를 하는데 하늘에서 생명력이 내 마음에 임했고, 그 생명력이 살아있어 내 눈에 보였고 온 교회에 넘쳤다. 나는 소리쳤다. **"생명력이 임합니다. 병 고침 받으세요. 부르짖으세요. 기도하세요"** 그날 주님이 두 분의 병을 고쳐주셨다.

권사님은 그날부터 밥을 잘 먹었다. 처음에는 공깃밥 그릇으로 드셨지만, 곧 큰 밥그릇 고봉으로 드셨다. 더는 기도원에 있을 필요가 없어 기도원에서 내려갔다. 그 후 소식이 궁금했는데, 몇 년 후 내가 좋아하는 소뼈를 사 들고 오셨다. 권사님은 그 후 건강하게 살았다고 하시면서 하나님의 은혜에 감사했다.

그리고 권 집사님은 그날부터 걸었다. 조금은 절었지만, 목발 없이 혼자서 걸었다. 집사님은 기도원서 동네 저수지까지 온종일 왔다 갔다 걸으면서 너무 좋아 "아이고 좋아라! 아이고 좋아라!"를 연발 했다.

집사님이 걷는다는 소식을 듣고 시부모님이 마늘 한 접을 들고 오셔서 감사하다며 눈물을 흘렸다. 나는 권 집사님에게 그동안 주사 잘못 놓은 죄로 집사님을 따라다니며 시중을 들고 있던 간호사를 이제 보내주고, 교회에 충성하라고 당부하면서 보냈다. 집사님은 목발 없이 자기 혼자 걷는 것이 너무 좋고 신기해 그저 웃으면서 택시를 타고 내려갔다.

집사님이 내려가시고 두 주 정도 지난 어느 주일날 교회 가기 위해 밖으로 나오는데 택시 한 대가 올라와 섰다. 그리고 청바지에 진달래색 블라우스를 입은 젊은 여자분이 택시에서 내려 막 뛰어오 는 것이었다. "나는 누구요?" 하고 물었다. 저쪽에서 "권 집사입니 다."라고 말했다. 나는 집사님이 그렇게 뛰리라고는 생각지 못하고 또 "누구요?" 하고 물었다. 저쪽에서 또 "권 집사입니다."라고 하면 서 나에게 뛰어와 인사를 했다. 나는 너무나 놀랐고 기뻤다. 얼마 전에 걷기는 했어도 저렇게 뛰어다닐 줄은 꿈에도 생각지 못했기 때문이었다.

너 는 복음을 전하다 오너라

나는 하나님의 크신 은혜가 너무나 감사했다. 집사님은 성전과 자기가 있었던 숙소 등을 돌아보고 나에게 와서 기도원에서 내려간 후에 있었던 일을 말해 주었다.

하루는 자기 친족이 순천향병원서 맹장 수술을 하여 입원해 있어 병문안하러 갔다가, 복도에서 전에 자기를 담당했던 의사를 만났다는 것이었다. 그런데 그 의사가 자기를 보더니 깜짝 놀라며 어떻게 이렇게 다닐 수 있느냐고 묻더라는 것이다. 그래서 운봉산 기도원에서 하나님께 고침을 받았다고 말하자, 그 의사는 지금 당장 운봉산 기도원에 가자고 했으나 집사님이 시간이 없다고 다음에 가자고 했다는 것이다. 그때 집사님이 그 의사를 모시고 왔더라면 그리스도를 전할 수 있었는데 그 기회를 놓친 것이 못내 아쉽다.

또 집사님이 목천에서 우리 기도원에 올 때 탄 택시를 내려갈 때도 타게 되었는데, 택시기사가 신기해하면서 집사님께 "목발을 짚고 갔는데 어찌 걸어서 내려오느냐"고 묻더라는 것이다. 그래서 기도원에서 하나님이 고쳐주셨다고 말했다는 것이다. 권 집사님께 베푸신 무한하신 하나님의 사랑과 은혜를 생각하면 지금도 참으로 감사하다. 자기 백성의 부르짖는 소리를 들으시고 그 크신 능력으로 치료해 주신 자비하시고 전능하신 하나님께 감사와 찬송과 영광을 돌린다.

나는 너희를 치료하는 여호와임이니라(출 15:26)

09.
항상 함께하시는 주님

1994년 4월 1일 전 기도원 총무였던 김천수가 결혼해 나간 후 서울서 짐을 가지러 왔는데 감기로 심하게 기침을 했다. 너무나 마음이 아파 두 번이나 기도해주고 보냈다. 나와 13년이나 같이 기도원에서 동고동락하며 살았고 또 기도원을 계승할 줄 알았는데 내 생각과는 다르게 결혼해서 기도원을 떠나가고 말았다. **"하나님이 하시는 일의 시종을 사람으로 측량할 수 없게 하셨도다."**(전 3:11) 말씀처럼 하나님의 섭리는 우리 인간이 측량할 수가 없었다.

나는 천수가 다녀간 날부터 독감이 걸려 인사불성이 되다시피 했다. 시간 가는 줄도 몰랐고 몸도 마음도 다 아팠다. 13년간 후계자 양성한다고 마음과 뜻과 정성을 다하였는데, 결혼해 갔으니 내 마음은 허탈하기 그지없었다. 이런 내 마음을 아시는 분은 나와 함께하신 하나님 한 분뿐이셨다. 성령께서 아파 누워있는 나를 위해 큰 소리로 힘 있게 기도를 하셨다. 나는 누워서 성령이 하시는 기도를 따라 했다. 기도하다 전깃불을 켜보았더니 새벽 4시였다. 어제는 몸이 아파 예배도 못 드렸지만, 오늘 새벽은 아무리 아파도 나가 예배를 드려야겠다고 생각했다. 주의 종을 키우는데 뜻을 이루지

너는 복음을 전하다 오너라

못했으나 주를 사랑하는 마음으로 성공해야겠다고 결심하고 아픈 몸을 이끌고 교회로 가서 예배를 드렸다.

그런데 신기하게도 예배를 드리는데 내 몸이 언제 감기에 걸렸는가 싶을 정도로 깨끗하게 나았다. 베드로 사도의 장모열병을 고쳐주신 하나님께서 나도 고쳐주신 것이다. 예배를 끝내고 내려가려고 일어서려는 순간 하나님께서 나에게 성령으로 충만하게 하셨다. 내 영혼은 그동안의 상처가 다 없어지고 하늘의 평화와 기쁨으로 충만했다. 나의 몸과 마음의 형편을 다 아시는 주께서 나의 몸도 치료해 주셨고 나의 아픈 마음까지도 다 치료해 주신 것이다. 주님의 은혜가 얼마나 감사한지 말로 다 표현할 수가 없었다. 지금도 생각하면 감격스럽고 눈물이 나려고 한다.

나는 기뻐 뛰며 집으로 내려와 집 안을 청소했고 밤 11시까지 이것저것 밀린 일을 했다. 우리가 이 세상을 살아갈 때, 사람은 만나기도 하고 또 아쉽기는 하지만 헤어지기도 한다. 그러나 우리 주님만이 영원토록 나와 함께하시는 분이시다.

이처럼 주님이 항상 나와 함께하시고 나의 모든 형편을 아시고 도와주심을 생각할 때 내 마음은 평안할 수밖에 없고 소망이 넘치는 것이다.

내가 아버지께 구하겠으니 그가 또 다른 보혜사를 너희에게 주사 영원토록 너희와 함께 있게 하리니(요 14:16)

10.
수신 순복음교회
권사님 죽는다는 예고

어느 날 인근 수신 순복음교회 담임 전도사님이 권사님을 모시고 함께 기도원에 오셨는데 권사님은 천식으로 기침을 몹시 하였다. 전도사님은 권사님의 병을 기도해서 고치려고 금식기도 하러 왔다고 했다. 그런데 그분을 보는 순간 성령께서 내게 "곧 죽는다."라고 말씀하셨다. 나는 전도사님을 따로 불러 "주께서 권사님이 곧 죽는다고 하셨으니 집으로 돌아가시는 것이 좋겠습니다. 그래도 이왕에 오셨으니 오늘은 여기 계시고 내일 아침 식사를 하고 데리고 가세요. 만일 객사 하면 전도사님께도 피해가 옵니다."라고 말했다. 그래서 다음날 전도사님과 권사님이 집으로 내려갔다. 그리고 그날 밤에 권사님의 며느리에게서 전화가 걸려 왔다.

"원장님 우리 어머님이 3일만 있으면 돌아가신다고 하셨습니까?"

"아닙니다. 3일 안이 아니라 곧 돌아가신다고 했습니다."

"그러면 제가 직장을 다니고 있는데, 직장을 가지 말까요?"

너는 복음을 전하다 오너라

"직장은 가는 것이 좋겠습니다. 그것은 돌아가신 후의 문제가 아니겠습니까?"

나는 성령이 내게 하신 말씀대로 일 점도 틀리지 않게 전했다.

다음 날 아침 10시가 조금 지나 전화가 왔다. 받아보니 어제 권 사님을 모시고 내려간 전도사였다. 내가 전화를 받자마자, "할렐루 야! 원장님 감사합니다. 오늘 아침 9시에 권사님이 소천하셨습니다."라고 말하면서 만약 기도원에서 객사했더라면 큰일 날 뻔했다며 고마워했다.

죽고 사는 것은 하나님께 있다. 나는 아무것도 모른다. 오직 주님의 음성에 귀를 기울여 순종하면 모든 일을 잘되게 하시는 것이다. 이처럼 나와 함께하시고 아무것도 모르는 나를 가르쳐 주시고 인도해 주시는 하나님께 무한 감사를 드린다.

✒ 보혜사 곧 아버지께서 내 이름으로 보내실 성령 그가 너희에게 모든 것을 가르치고 내가 너희에게 말한 모든 것을 생각나게 하리라(요 14:26)

11.
한쪽 수족을 치료받은 목사님

1999년 7월 9일 서울 황중철 목사님의 소개로 김윤배 목사님이 사모님과 함께 기도원에 오셨다. 목사님은 목 디스크 수술을 두 번이나 받았으나, 한쪽 다리는 감각이 없었고 나머지 한쪽 다리는 질질 끌면서 겨우 다녔다.

목사님은 다른 문제로 오셔서 5일간 금식기도를 하고 집으로 가셨는데, 며칠 후 토요일에 목사님으로부터 전화가 걸려 왔다. 감각이 없던 다리에 감각이 돌아왔고, 질질 끌었던 다리도 나아 발을 들고 걸을 수 있게 되었다는 것이었다. 그래서 오늘 감사하러 가려고 했는데 일이 생겨 며칠 후에 오시겠다며, 이 기쁜 소식을 먼저 전화로 알려 드린다고 했다.

그리고 그다음 주 월요일에 목사님이 오셔서 하나님께 감사하고 내게도 선물을 많이 주시고 가셨다. 하나님께서 고쳐주셨으니 영광은 하나님께서 받으셔야 하는데 제가 다 받은 것 같아 죄송했다.

그리고 얼마 후 7월 17일에 목사님께서 사모님과 또 금식기도하러 오셨다. 목사님은 금식하면서도 새벽예배도 빠지지 않고 꼭

너는 복음을 전하다 오너라

참석하셨다. 어느 날 내가 밑에 있는 내 숙소에서 식사하고 있는데 위쪽 손님 숙소에 계시던 사모님으로부터 전화가 왔다. "원장님, 저희 목사님의 힘이 없던 손에 힘이 돌아왔어요." 참 하나님의 은혜가 감사했다.

그 후 목사님은 2001년도에 인도네시아 선교사로 파송 받아 그곳에서 한인교회를 맡아 자비량으로 교회 건물도 짓고 목회를 잘 하셨다. 목사님은 국내에 오실 때는 우리 기도원에도 들러서 기도하고 가시곤 했다. 그리고 목사님은 2007년에 주님의 부르심을 받고 천국으로 가셨고, 지금은 사모님께서 그곳에서 선교사로서 학교를 짓고 교육을 통하여 선교 사명을 잘 감당하고 있다.

12.
바로 이 사람이니라

1994년에 김천수 총무가 결혼하여 기도원을 떠나 가고 나 혼자 살다가 1995년쯤인가 안○○ 강도사님(결혼하여 사모님과 어린 딸이 있었음)이 기도원으로 오게 되었다. 안 강도사님은 그 다음 해 목사 안수를 받았고 기도원에서 계속 봉사하였다. 안 목사님에게는 어린 딸이 하나 있어 초등학교에 다니고 있었는데 기도원에서 어린아이가 산다는 것이 아이에게 좋은 환경이 되지를 못해 보였다. 친구들과 어울려 살아야 하는데 기도원은 그렇지 못했고 여러 가지가 아이에게는 좋은 환경은 되지 못했다.

나는 마음으로 걱정이 되었는데, 1997년 어느 날 하나님께서 나에게 안 목사님을 목회하러 내려보내라고 하시면서 "내가 앞에서 **끌어주고 뒤에서 밀어주겠다.**"라고 하셨다. 그래서 나는 안 목사님께 말씀을 드렸고 안 목사님은 포천으로 가서 목회를 시작하였고 지금은 그곳에서 목회를 잘하고 계신다.

안 목사님이 가고 난 후 2년 이상을 나 혼자 있으면서 많은 고생을 하였다. 그때는 사정이 있어 빚도 지고 있었던 터라 겨울에도

너는 복음을 전하다 오너라

보일러도 제대로 가동하지 못하고 추위에 떨면서 "아버지 내 간이 얼어요." 울기도 하였고, 차도 없는 산골짝에서 걸어 다니며 어려움을 많이 겪었다.

나는 하나님께 기도했다. "하나님 후계할 사람을 보내주세요! 기도원이라 가족이 없는 사람이 좋겠으니, 가족이 없는 독신인 사람이고, 나보다 믿음도 더 좋고, 철저하고, 정의롭고, 주님을 위해 열심인 사람을 보내주세요"

그러던 중 1999년 10월 초에 강원경기지방회 수도사에서 속초를 가는데 충청지방인 나에게도 같이 가자고 하였다. 나는 승낙을 하고서 수도사님의 봉고차를 타고 길을 떠났다.

그 당시 강원경기지방회의 수도사 중 후배인 7기 김○○ 수도사가 강원도 정선의 아주 깊은 산골에서 백전산 기도원을 하고 있었는데, 이 수도사는 강릉이 가까웠기 때문에 대관령 바로 밑에 있는 구산이라는 곳에서 만나기로 했다. 우리는 영동고속도로를 타고 대관령을 넘어 정선에서 나오는 입구인 구산에 도착했는데 김 수도사가 벌써 와 있었다. 그리고 김 수도사 옆에 30대 후반의 남자가 서 있었고 그 옆에 빨간 티코가 있었다. 내가 그 남자를 보는 순간 성령께서 "바로 이 사람이니라."라고 말씀하셨다. 김 수도사는 우리가 타고 있던 봉고차로 옮겨 타고서 함께 속초로 갔고 그날 밤 나와 같은 방을 사용하게 되었다.

나는 김 수도사에게 낮에 옆에 같이 서 있던 사람이 누구냐고 물었다. 그랬더니 우리 기도원에서 봉사하는 총무라면서 자기를 기도원에서 그곳까지 태워주기 위해서 왔다는 것이다. 그리고 이름이 김신재라는 사람으로, 나이는 38세며 결혼은 하지 않았고 몇 년 전까지 한국통신 정선전화국에 다녔는데, 주님의 부르심을 받고 주의 일을 하기 위하여 직장을 그만두었으며, 우리 기도원에 기도하러 왔다가 기도원에서 봉사하게 되었다고 말했다. 그리고 청년 때 은혜를 받았는데 그때 하나님께 결혼하지 않고 독신으로 주님을 섬기겠다고 서원을 했다고 하였다.

그 말을 다 듣고 나는 김 수도사에게 나의 사정을 이야기하고, 오늘 주님이 그 사람을 보았을 때 말씀한 것도 이야기하면서 백전산 기도원을 정리하고 우리 기도원으로 오라고 하였다.

김 수도사는 그러지 않아도 기도원 바로 뒷산을 산 주인이 개간하여 기도원에 물난리가 났고, 또 특고압 전선이 기도원 위로 지나가고 철탑 공사를 하느라고 기도원 뒤로 길을 냈기 때문에 그곳에서는 기도원을 더 이상할 수가 없는 환경이 되었다고 하면서 기도해보고 결정하겠다고 하였다.

내가 속초에서 돌아오고 다음 날인가? 김 수도사에게서 전화가 왔는데 나의 말대로 하겠다고 했다. 그리고 김 수도사와 김신재 총무는 백전산 기도원을 정리하고 그해 11월 2일에 우리 운봉산 기도원으로 이사를 왔다. 김○○ 수도사는 다음 해에 다른 곳으로 갔고, 김신재 총무는 계속 기도원에 남아서 총무로 섬겼다.

나와 김신재 총무는 처음에는 맞지 않는 것이 많아 속이 상할 때도 많았다. 전혀 알지 못하던 사람이라 성품도 몰랐고, 나는 늙

너는 복음을 전하다 오너라

었고 총무는 젊었고 나는 여자이고 총무는 남자이고 등등, 그러나 주님을 사랑하는 마음과 정직하고 진실하고 무엇이나 열심히 하는 마음은 나와 같았기 때문에 함께 일할 수 있었다.

한 번은 어떤 일로 너무 속이 상하여 하나님께 김신재 총무를 보내겠다고 말씀을 드렸더니 하나님께서 "잘 다독거려 데리고 있으라."라고 하였다.

김신재 총무는 기도원에서 봉사하면서 신학을 하여 목사가 되었고, 지금은 나를 어머니같이 잘 섬기고 있다. 그리고 나도 또한 김신재 목사를 아들같이 귀히 여기고 있으며 서로 의지하고 힘을 다하여 함께 기도원 사역을 감당하고 있다.

13.
기도하라고 깨우시는
주님의 음성

　　내가 용문산 기도원에 있을 때는 수도시간에 따라 정해진 시간에 기도를 많이 했었다. 그러나 운봉산 기도원을 개척하고는 낮에는 이 일 저 일 하느라 기도를 하지 못했고, 주로 밤과 새벽에 기도했다. 특히 새벽 3시~5시 사이에 기도했는데 이 시간은 다른 사람이나 환경에 방해를 받지 않고 하나님께 깊이 기도할 수 있었기 때문이었다.

　　그리고 이 기도시간에 많은 기도 응답을 받았고 거의 시간마다 큰 은혜를 입혀 주셨기 때문에 그 힘으로 사역을 감당했다. 내가 새벽 3~5시 기도를 시작할 그 무렵에 내게는 자명종이 없었다. 따라서 어림짐작으로 일어나 시계를 보곤 했었다. 그러나 어떤 때는 기도시간을 넘어서 일어나기도 했는데, 이럴 때면 간혹 하나님께서 여러 가지 방법을 통하여 나를 깨워 기도하게 하셨다. 이처럼 나를 기도하도록 깨워주신 방법 중 특별히 기억에 남는 것 몇 가지와 기도에 대해 말씀하신 것을 기록해 보도록 하겠다.

　　　　　　　　　　　너는 복음을 전하다 오너라

1960년 12월 15일 (용문산 기도원)

꿈에 "잠만 자지 말고 일어나 기도 좀 하려무나?"라는 애절한 음성을 듣고 일어나 시계를 보니 12시였다. 한두 달 부흥회 인도하고 돌아와서는 누적된 피로를 풀기 위해서 며칠간 푹 좀 쉬어야 하는데, 수도 시간을 지켜야 하므로 쉬지를 못했다. 그러다 보니 피곤해서 제대로 기도를 못 하게 되는 것이었다. 이처럼 피곤한 나에게도 주님은 기도만은 쉬지를 못하게 하셨다. 영적 호흡인 기도를 쉬면 어떻게 영의 일을 할 수 있겠는가? 그래서 주님은 기도하라고 나를 깨우신 것이다.

1963년 11월 4일 (용문산 기도원)

공중예배 중에 주께서 나에게 "땀 흘리는 기도를 몇 번이나 하고 안 준다 낙심하느냐?"라고 말씀하셨다. 주님의 말씀이 맞았다. 그저 달라고만 했지 애쓰고 힘써서 기도하지 않았다. 이것을 주님이 지적해 주신 것이다. 우리와 성정이 같은 엘리야도 간절히 기도했을 때 하늘 문이 열렸고 예수님도 겟세마네 동산에서 땀방울이 핏방울이 되는 기도를 하신 것이다.

1987년 1월 26일 (운봉산 기도원)

자는 중에 "김 수도사 일어나라."라는 부르는 소리를 듣고 일어났다. 일어나서도 바로 교회로 가지 못하고 몇 번 엎드려 잠자다 기도하다 교회로 갔다. 교회에서 기도하는데 주님이 탄식하며 "누굴 붙잡고 일하겠느냐?"고 말씀하셨다. 그렇다. 우리가 기도하지 않으면 우리 힘으로만 일하게 된다. 주님과 함께 능력있게 일하려면 쉬지 않고 기도해야 한다. 주님은 우리가 사도들처럼 주의 능력으로 일하기를 원하신다. 그래야만 주신 사명을 감당할 수 있기 때문이다. 기도에 힘쓴 사도들처럼 우리도 기도에 힘써 능력 있는 사역자가 되어야 한다.

1987년 9월 9일 (운봉산 기도원)

음성으로 "원장님 시간 다 됐어요."라는 소리를 듣고 깨었다. 깨어보니 아무도 없었다. 그런데 누구인지 모르지만 "원장님 시간 다 됐어요."라고 깨운 것이다. 아마 천사가 아니었나 생각된다. 나는 어제 기도원 들어오는 길 공사를 하느라 피곤하여 3~5시 기도도 못 하고 잤는데, 새벽기도 시간이 다 되자 나를 깨우신 것이다.

1987년 9월 12일 (운봉산 기도원)

"문을 두드리는 소리"에 일어나 시계를 보니 4시경이었다. 사람이 깨웠나 하고 주위를 확인했으나 아무도 없었고 깨울 사람도 없었다. 기도하라고 주님이 천사를 통해서 깨우신 것이 틀림이 없는 것 같았다. 나는 일어나 찬송하며 교회로 가서 기도하면서 옆에서 나를 인도해 주시는 주님의 은혜를 감사했다.

1992년 9월 16일 (운봉산 기도원)

'잠자는 내 얼굴에 어두운 굴 속에서 빛이 비치듯 낮과 같이 환한

너는 복음을 전하다 오너라

빛이 비치었다.'

일어나 시계를 보니 벌써 4시경이었다. 주님께서는 무엇보다도 기도에 게으른 것은 못 보셨다. 내가 아무리 피곤해도 주님은 새벽 3시~5시에 기도 하기를 원하셨다. 그리고 내가 이 시간에 기도하면 반드시 말씀해 주시고 응답해 주시고 신령한 은혜를 주셨다.

1993년 11월 27일 (운봉산 기도원)

세미한 음성으로 "물 한 방울 들어갈 데가 없구나."라는 음성을 듣고 깨었다. 며칠 동안 새벽기도를 못 했었다. 내가 기도하지 않으니 하나님의 은혜가 임할 수 없다고 탄식하시는 음성이었다. 하나님이 은혜를 주고 싶으셔도 내가 기도하지 않으니까 줄 수가 없으셔서 답답해하시는 것이었다.

1997년 12월 2일 (운봉산 기도원)

잠자는 나에게 "땡땡" 종소리가 들렸다. 깨어 시계를 보니 새벽 2시였다. 나는 며칠간 기도하기 싫은 병이 들어 기도를 못 했다. 나도 육신인지라 가끔 평안하고 싶은 병이 들었다. 그러면 안 된다는 것을 알면서도 몇 년에 한 번씩은 그러한 현상이 있었다. 땡땡 종소리는 기도하기 싫은 병을 고치라는 처방인 것이다. 항상 깨어 기도해야 하는데 이처럼 아직도 어린아이 같을 때가 있다. 언제 장성하여 항상 쉬지 않고 기도에 힘쓰는 자가 될까?

2000년 1월 17일 (운봉산 기도원)

"김상화 일어나 기도하라."라는 음성에 일어났다. 내 마음 상태를 아시는 주님께서 기도하라고 부르신 것이다. 기도원에 해야 할 일도 문제도 많다. 다 기도로만 해결할 수 있는 것들이다. 가끔 음성으로 깨우시면 참 좋다. 하나님께서 나를 기억하시며 관심을 가지시고 항상 주시하심을 생각할 때 안정이 되기 때문이다. 그렇지 않으면 산 중에서 약한 여자들이 어찌 살겠는가? 하늘에 계신 하나님 아버지께서 나를 항상 보고 계신다니 살 수 있는 것이다.

2003년 1월 22일 (운봉산 기도원)

나는 4시 30분경 깨었지만 피곤해 일어나지 못하고 있었다. 그런데 누가 "하이"라고 하여 나도 같이 "하이" 하였다, 그리고 이상한 것은 내가 "하이" 하는데 힘이 나서 일어났다. 교회로 올라가는 길에서 주께서 나에게 예수 이름의 능력을 갖춘 자라고 가르치신다. 예수 이름의 능력을 갖춘 자가 너무 약하다고 하시면서 내 생명과 기독교의 생명을 위하여 기도하라고 하셨다.

너는 복음을 전하다 오너라

14.
새 성전을 건축하다

　　내가 기도원을 개척하고 1975년도에 건축한 성전은 너무 좁아서 집회 때나 수련회 때 사람을 다 수용할 수가 없었다. 그래서 새로이 더 넓은 성전을 건축하기로 마음을 먹고 1994년도 봄에 군청에 가서 건축허가를 신청했다. 그런데 산림지역이라 여러 가지 걸리는 것이 많아 허가를 낼 수가 없어서 거의 포기하고 있었다. 그러던 중 그해 9월에 황중철 목사님이 이○○ 집사님이라는 분과 함께 오셔서 이 집사님을 기도원에서 기도하며 있게 해 달라고 하셨다. 나는 쾌히 승낙하였고 그래서 이 집사님이 기도원에 있게 되었는데, 이 집사님은 사업에 실패하여 어려운 가운데 있는 것 같았다.

　　한 번은 우연히 이 집사님과 대화 중 성전건축 이야기가 나오게 되었는데 집사님이 나의 사정을 듣고서는 자기가 허가를 내주겠다고 하면서 군청에 가더니 며칠도 되지 않아 허가를 내어 왔다. 내가 생각할 때는 기적이었다. 하나님께서 내가 할 수 없는 일을 이처럼 할 수 있는 집사님을 보내어 허가를 내게 해 주셨다.

그 후 이 집사님은 보름 정도 있다가 기도원에서 내려갔고, 나는 곧바로 약 140평 크기의 새 성전건축 작업을 시작했다. 공사는 우리 집회 때 왔던 장로님이 건축한다기에 그 장로님에게 맡겼다. 그런데 이 장로님이 여러 곳에 건축하다 부도가 나 성전건축을 다 완공하지 못하고 도중에 그만두게 되었다. 그 뒤에 어떤 목사님께 공사를 맡겼는데 공사는 하지 않고 돈만 요구하기에 또 중단하게 되었다. 그 후 내가 아는 다른 공사 업자에게 공사를 맡겼는데 이때도 업자가 부도나서 공사를 다 못 끝냈고 돈도 좀 떼이었다.

이렇게 되다 보니 공사비가 없어 공사를 재개하지 못하고 지붕만 씌운 상태로 몇 년이 그냥 흘러갔다. 나는 건축을 하다가 중단된 성전을 바라보면 가슴이 아팠다. 그리고 어느 날부터는 하나님께 "**하나님 성전을 내가 짓지를 못하겠나이다. 하나님이 지으세요! 내 능력으로는 할 수가 없네요. 이제는 나는 못 하겠으니 하나님이 하세요.**" 하고 하나님께 다 맡겨 버렸다.

그리고 약 2년 정도가 지난 2003년 8월 28일이었다. 우리 기도원에 20년 이상 거의 매달 한 번씩 나라와 민족을 위하여 기도하러 오시는 김형모 장로님이 있었는데, 김 장로님의 고향은 이북 평양 근처였고, 해방 이후 월남하여 예수를 믿게 되었으며, 서울 여의도 순복음교회가 서대문에 있을 때 그 교회 장로로 시무하시다가 하나님께서 나라와 민족만을 위해서 기도하라는 사명을 주어 그 교회를 나와 작은 교회를 섬기면서 평생을 이 사명만 감당하고 있었다.

　너는 복음을 전하다 오너라

이 장로님께서 이 날도 구국기도회 회원 몇 분과 함께 우리 기도원에 기도하러 오셨고 같이 오신 회원님들 중에 강 권사님이 계셨는데 서울서 권사님이 왔다는 소식에 서산에서 목회하시던 아들 목사님이 어머님도 뵙고 기도도 할 겸 오신 것이었다.

그리고 그다음 날 아들 목사님의 친구인 한규철 목사님이 기도원에서 가까운 성환에서 목회를 하고 있었는데 친구 목사님을 만나러 우리 기도원에 오게 되었다. 한규철 목사님이 오셔서 건축하다가 중단된 성전을 보시고 가슴 아파하시면서 자기가 잘 아는 건축하는 집사님이 있는데 그 집사님께 말을 해보겠다고 하시면서 내려가셨다.

목사님이 내려가시고 한 달가량이 지난 10월 초 어느 날 한규철 목사님이 어떤 여자분과 함께 와서 내게 소개했다. 같이 오신 분이 최사라 집사님이라며 지난번에 자기가 말한 건축하시는 그분이라는 것이었다. 최사라 집사님은 나에게 인사를 하고서는 자기가 얼마 전에 지은 상가가 있는데 아직 팔리지 않고 있다며, 그 상가가 자기가 생각하고 있는 금액에 팔리게 된다면 하나님의 뜻으로 알고 아무 조건 없이 성전을 건축하겠다고 하면서, 다만 캐나다서 공부하고 있는 큰딸을 위하여 기도를 부탁하였다. 나는 고맙다고 인사를 하고 그분들을 보냈다.

그리고 일주일 정도가 지났을까? 최 집사님이 왔는데 내려가서 며칠 만에 그 상가가 팔렸다고 하면서 공사를 바로 시작하겠다고 하였다. 나는 그동안의 일들을 생각하면서 정말인가? 반신반의하고 있었다. 그런데 10월10일에 가설공사 팀이 와서 공사를 시작하는 것이었다. 그제서야 나는 사실이구나! 꿈이 아니구나! 라는 생각이 들었다.

최 집사님에게 동업하시던 김○○ 사장님이 계셨는데, 두 분이 함께 지붕만 되어있던 성전공사를 마무리 해주셨다. 착공한 지 10년이나 된 성전을 불과 두 달 가까이 만에 완공하여 그해 12월 22일 준공검사를 받았다.

나는 얼마나 좋고, 감사했던지 말로 다 표현할 수가 없었다. '올해도 그냥 지나가는구나!'라고 생각하고 있었는데 하나님께서 내가 생각지도 않았던 방법으로 완공해 주셨다. 이처럼 놀라우신 하나님의 섭리와 은혜를 감사하고 감사했다. 그리고 정말로 주를 위해 아무 조건 없이 성전건축을 마무리 해주신 최사라 집사님과 김○○ 사장님께 참으로 감사했다. 특히 김○○ 사장님은 최사라 집사님의 전도를 계속 받아왔으나 그때까지 예수를 믿지 않은 불신자였다. 하나님께서 이런 분을 통해서도 역사해 주신 것이었다.

그 후 김○○ 사장님은 얼마 지나지 않아 예수님을 영접하여 하나님의 자녀가 되었고 지금은 신앙이 많이 성장했다. 성전건축도 기쁜 일이었지만 이 일을 통해 천하보다 귀한 한 영혼이 구원을 받았으니 참으로 감사한 일이다.

또 잊지 못할 분이 있는데 부천에서 직장생활을 하시던 정 집사님이시다. 집사님은 대출까지 받아 공사에 부족한 부분에 쓸 수 있

너는 복음을 전하다 오너라

도록 도움을 주셨고, 또 여러분들이 도움을 주셔서 내부에 필요한 모든 것까지 잘 마무리할 수 있었다. 이 모든 분에게도 지면을 통하여 감사를 드린다.

15.
나는 올라가기만 했다.
"내 위에 누구리요"

　　나는 하나님의 말씀을 남에게는 잘 전했는데 나
자신은 잘 다스리지 못했다. 사람은 낮아질 때는 자신을 알지만 높
아지면 자신을 모른다. 잠언 16장 32절에 **"자기의 마음을 다스리는
자는 성을 빼앗는 자보다 나으니라."**라고 하였는데 나는 내 마음을
다스리지 못했다.

　　나는 수도사 중에서도 1기요. 또 1기 수도사 중에서도 나이가
제일 많았다. 그래서 다른 수도사들이 나를 맏형님 또는 큰언니라
불렀다. 그리고 하나님께서 나에게 은혜와 능력을 많이 주셔서 능력
있게 역사하다 보니 자연히 내 마음이 높아진 것이다. 그래서 나는
항상 제일 높은 자리를 원했고 그것이 당연한 것으로 생각했다.

　　하루는 수도생 때 산상 기도시간에 열심히 기도하는데 하나님
께서 나에게 "너는 나 외에 누구리요."라고 한다며 타이르듯이 말씀
하셨다. 그러면 나 자신을 돌아보고 회개하고 겸손하게 행해야 하는
데 나는 별로 대수롭지 않게 생각하고 그냥 웃고 넘겼다. 나는 참으
로 하나님의 지적처럼 "나 외에 누구리요." 하고 살았다. 설교도 내

　　　　　　　　　　　너는 복음을 전하다 오너라

가 제일 잘해야 했고, 은혜도 내가 제일 많이 받아야 했고, 다른 사람보다 기도도 제일 많이 해야 했고, 하여튼 모든 일에 내가 제일 일등이 되어야 했다. 누가 몇 시간 기도한다고 하면 나는 그보다 더 많이 기도했다. 나는 무슨 일이나 일등이 되어야 했고 제일 높은 자리에 앉아야 했다.

그리고 나는 이북사람이라 성품이 차갑고 직선적이었다. 그래서 남의 상처를 싸매주기보다는 바른말, 직선적인 말로 남에게 상처도 많이 주었다. 참으로 하나님 외에는 나에게 두려운 사람도 없었고 거칠 것이 없었다.

그런데 그때는 내가 교만하다는 것을 전혀 알지 못했는데, 이제 나이 들고 모든 것이 약해지고, 일들이 내 마음대로 다 되지도 않고, 또 다른 수도사들이 나보다 주의 일을 더 많이 잘하고 있는 것을 보면서 내가 그동안 얼마나 교만했는가를 생각하게 되었다.

그래서 지금은 하나님께 회개를 많이 한다. 그동안의 나 자신을 돌아보니 이제야 내가 얼마나 마음이 높았고 교만했는지를 보게 된다. 아마 하나님께서 이런 나를 겸손하게 주 앞에 세우시려고 이번 새 성전건축도 10년이나 걸리게 하시지 않았나 하는 생각이 든다.

이제 주님 앞에 설 날이 많이 남지 않은 내가 바라는 것은 오직 하나, 주님 앞에 내 마음을 깨끗하게 하는 것이다. 그래서 이제는 주님 만날 그때를 생각하면서 그동안의 욕심도, 교만도 다 버리고 겸손히 섬기며, 선한 일에 힘쓰기를 노력하고 있다.

 "주여 나에게 주님의 형상을 온전히 이루어 주옵소서!"

맺는 말

책을 쓰는 동안 나의 일생이 주마등같이 뇌리를 스쳐 지나가면서 그때의 심정으로 나를 돌아가게 하였다. 그래서 기쁘기도 하였고, 슬프기도 하였고, 가슴 졸이기도 하였고, 무엇보다도 나에게 베푸신 하나님의 은혜가 참으로 크고도 크심에 눈물 흘리며 감격하기도 하였다.

나는 이 책을 나를 통해 나타난 성령의 역사하심에 중점을 두고 기록하였다. 그러다 보니 이 책에 기록되지 않은 많은 내용도 생겨났다. 특히 내가 주의 종으로 부르심을 받아 용문산 기도원에서 공부를 시작할 때부터 지금까지 주 안에서 나를 도와준 수많은 분이 있다. 공부할 때 학비를 주신 분, 옷을 사 주신 분, 먹을 것을 주신 분, 용돈을 주신 분, 또 운봉산 기도원에 왔어도 물질로 도와주신 분, 몸으로 헌신해 주신 분, 뒤에서 기도로 헌신해 주신 분 등 이루 말할 수 없는 많은 분이 있었다. 만일 그분들의 도움이 없었다면 오늘날의 나는 없었을 것이다. 이 모든 분에게 지면을 통하여 진정으로 감사를 드린다.

마지막으로 나의 일생의 사역을 뒤돌아볼 때 연약한 나의 힘과

너는 복음을 전하다 오너라

지혜로는 하나님의 뜻대로 살아갈 수가 없었고 사명을 감당할 수도 없었으며 하나님의 도우심이 절대적으로 필요하였다. 그래서 나는 오직 하나님을 의지했고 기도에 생명을 걸었다.

이제 책을 닫으면서 내가 바라는 것은 이 책을 읽은 모든 독자가 항상 성령이 충만하고 삶과 사역의 모든 부분에서 성령의 인도하심을 받아 승리하는 신앙 생활하기를 간절히 바란다.

운봉산 기도원 **김상화** 원장

너는 복음을 전하다 오너라

개정판 1쇄 인쇄 2023년 3월 30일
개정판 1쇄 발행 2023년 4월 5일

지은이 김상화
기획 펴낸이 김신재
E-mail jksj1962@hanmail.net

펴낸이 송정금 · 이요섭
펴낸곳 엎드림출판사
편 집 송수자
편집디자인 새한기획

주 소 17557 경기도 안성시 공도읍 심교길 24-5
H . P 010-6220-4331
E-mail lyosep@hanmail.net

출판등록번호 제 2021-000013호
출판등록일 2021. 12. 16.

값 15,000원
ISBN 979-11-977654-4-5 03230